光尘
LUXOPUS

哲学的二十个夜晚

徐英瑾 著

中国出版集团 东方出版中心

图书在版编目（CIP）数据

哲学的二十个夜晚 / 徐英瑾著. ––上海：东方出版中心，2023.12

ISBN 978-7-5473-2324-3

Ⅰ.①哲... Ⅱ.①徐... Ⅲ.①哲学－普及读物Ⅳ.①B-49

中国国家版本馆CIP数据核字（2023）第252065号

哲学的二十个夜晚

著　　者　徐英瑾
策　　划　陈义望
责任编辑　王　婷
装帧设计　欧阳颖
出版统筹　慕云五　马海宽

出 版 人　陈义望
出版发行　东方出版中心
地　　址　上海市仙霞路345号
邮政编码　200336
电　　话　021-62417400
印 刷 者　北京中科印刷有限公司

开　　本　880mm×1230mm　1/32
印　　张　6.75
字　　数　121千字
版　　次　2024年2月第1版
印　　次　2024年2月第1次印刷
定　　价　59.00 元

目录

社会

人生

序言

　　你现在打开的，是一本通过解读电影介绍基本哲学思想的小书。

　　关于电影是什么，恐怕不需要我做特别的解释。不过，提到哲学，很多人会提出这样的问题：哲学是什么？物理学、化学、经济学都有自己的研究对象，哲学的研究对象是什么呢？为何哲学家一直给大众一种"不食人间烟火"的印象？学一点哲学又有什么好处呢？

　　好吧，先来回答第一个问题：哲学是什么？

　　"哲学"一词的英文是"philosophy"，希腊文是"φιλοσοφία"，本义为"爱智慧"，日本学者西周（又名西周助，1829—1897）将它翻译为汉字词组"哲学"。不过，什么是"爱智慧"呢？

　　我本人对哲学的定义有点另类：哲学活动的本质便是在知识的海洋里做思想贸易，以方便人类各个知识模块之间的信息流通。因此，哲学在本质上是人类知识界的"商业活动"，此类活动不直接产生新知识，正如商业活动不直接产生产品一样。不过，哲学活动在观念层面上激励了人类生产知识，正如商业活动赋予人类的生产活动以活力一样。

为何这么说？

我们先从商业活动说起。我们知道，西汉的张骞出使西域之后，在丝绸之路上忙碌的商旅便将中国的丝绸带到了西方，也将西方的玻璃器皿（汉代叫"琉璃器"）与火浣布（一种能防火的石棉布）带到了当时的中国。商人本身从事生产吗？当然不从事，他们只从事交易与流通。但是，正是因为他们的存在，中国从事桑蚕养殖的农民才会知道遥远的国外市场存在对于丝绸的需求，而正是基于这种认识，他们才敢于扩大自己的生产规模，以求获得更多的利益。换言之，没有商人，就没有最原始意义上的全球化，遑论建立在这一基础上的统一的世界历史。那么，商人要从事这些商业活动，本身需要怎样的才能呢？除了愿意吃苦、勇于冒险之外，他们还需要对各个产业的概貌有所了解。比如，面对西方买家关于瓷器的用途与来源的疑问，他们既不能说得太多（否则就会威胁产地的技术垄断地位），也不能说得太少（否则他们就无法获得西方客户的信任）。因此，从某种意义上说，与买家和生产者相比，商人处在一个"信息纵览者"的微妙位置上：虽然就微观而言，他们对于某一个工艺流程的细节知道得肯定不如一个景德镇的烧瓷师傅多，但是他们纵观大局，并且只有他们知道如何通过所掌握的信息在商品的挑选、运输及买卖中实现利益最大化。

再说回哲学。哲学与商业活动之间的类比关系又体现在何处呢？设想一下，全世界的商业活动都停止了，这就会导致生产者与消费者之间的通道堵塞，生产者会失去生产动机，消费者会失去购买渠道。这样一来，全世界的经济机器会慢慢停摆，每一种文明都只能退回到自给自足的自然状态，这样一来，也就不会有人了解世界经济的大局了，大家都只能坐井观天。一个没有哲学的世界，正如一个没有商业的世界：每个人都只能成为自己熟悉的知识领域内的"知识匠"，而没有人能知道这些复杂的知识模块之间的关系是什么，因此，也就没人能够思考那些贯穿各个知识领域的全局性问题。甚至，还有一些"专家"觉得本学科的视角是足以俯瞰众生的"上帝视角"。譬如，一些经济学家总觉得人类的所有社会问题本质上都是经济问题，一些弗洛伊德派的心理学家总认为所有的个体心理问题都与童年创伤相关，而一些物理学家又觉得所有生理或者心理问题本质上都是物理问题。这种基于本学科与本行业视角的看待世界的方式，往往会带来一种"歧视链效应"：你的视角不如我的，所以，从你的视角出发看到的世界图景，在地位上就要低于我的世界图景。但非常明显的是，这种歧视链思维最后带来的只能是知识的自闭。

这种知识自闭的典型症状之一，便是"不识数"。这里的

"不识数"不是指数学成绩不好，而是指缺乏比例感与格局感。很多数学成绩不错的人未必有对于事物本质的比例感与格局感。比如，即使一个理科高才生也会犯下这种缺乏格局感的错误：在买帝王蟹的时候能够做到货比三家，在买房的时候却立即做出最终决定——他没意识到再名贵的螃蟹，其价格也仅仅是房产价格的九牛一毛。这里需要注意的是，英语中的"理性"（rationality）一词本就有"比例"（ratio）的意思，因此，缺乏比例感这件事，恰恰就意味着当事人缺乏理性。

相比较而言，商人是人群中较为理性的那类人。他们会仔细计算做每件事的投入产出比，而不会在买-一只帝王蟹的时候花费太多时间精打细算——当然，为了做海鲜生意而买10万只帝王蟹，就完全是另外一回事了。因此，从哲学角度看，商人比非商人更接近哲学的境界——西方哲学起源于以商业活动为特色的米利都（遗址在今土耳其艾登省内），恐怕也不是偶然的了。

但哲学家与商人总有点儿不同吧？

当然有所不同，否则商学院就可以直接变成哲学院了。商业活动的基本动机是逐利，而哲学家思考的根本动力来自好奇心。那么，为何哲学家不把逐利作为根本的人生目的呢？道理很简单，哲学家比商人更会算计。哲学家会反问商人：你赚那么多钱干吗；到头来，人不还是得进黄土；一辈子就算计赚了几两银子，人生多无趣啊；要在有限的人生中将日子过得精彩一点，难道不应当在人类知识的海洋中畅游，以此丰富自己的视野吗？所以，当商人在算钱的时候，哲学家所计算的，是因为一天到晚算钱而损失的更为精彩的人生。

不过，为何哲学家不将自己变成博物学家呢？博物学家难道不可以在知识的海洋中尽情畅游吗？

道理不难理解：博物学家只能将知识的碎片大量地吞咽下去，他们无法找到知识模块之间的关系，因此，他们也缺乏大局观。天下知识何其多也，而人生又何其短也，要了解知识与人生之玄奥，就一定要做到"纲举目张"，而这样的纲要，只能通过哲学反思获得。

那么，有没有一些具体的例子，可以说明哲学反思是如何帮助我们发现知识与人生背后的纲要性原理的呢？

有！比如，在康德的时代，自然科学的发展取得了惊人的进步，而康德也发现，从总体上看，任何文化背景下的人都能通过学习，理解这些科学发展的结果，于是他就提出了这样的问题：使得自然科学的构建成为可能的心智基础是什么，为何不同文化背景的人在讨论科学的时候相对容易达成一致？此类追问引导他发现了人类认知架构中的纲要性原则——范畴原理。又比如，在人类慢慢走出中世纪、进入契约社会之后，开始需要预设个体行为自由以签订商业契约，并在契约的约束下进行各种各样的交易。那么，允许契约成立的基本社会框架应当是怎样的呢？这就引导卢梭这样的哲学家提出了使得现代社会得以运作的纲要性原则——社会契约论。总而言之，哲学所讨论的，便是我们从事的各种日常活动的基本框架的合法性与合理性。

但是，为何我们熟悉的那些哲学命题听起来那么虚无缥缈呢？苏格拉底说的"我最聪明之处，就在于自知无知"，笛卡尔说的"我思故我在"，贝克莱说的"存在就是被感知"，黑格尔说的"历史的展开就是逻辑的展开"，萨特说的"他人即地狱"，都听上去很玄奥，甚至有一种"距离感"和"抽象感"。

我们该如何克服哲学命题带来的所谓的"距离感"和"抽象感"呢？要做到这一点，我们首先得明白此类"距离感"和"抽象感"是如何产生的。其实，对哲学命题产生此类感觉的最根本的原因就是，你没有生活在那些伟大哲学家所处的时代，因此，你不知道他们为什么会开始思考这些问题。比如，黑格尔对于辩证逻辑的推崇，是与西方社会的讲理文化密切相关的，没有这种生活体验，就只能抓住黑格尔文本的皮毛。又比如，萨特的存在主义思想的社会根源是一战后欧洲传统理性价值观崩溃后西方年轻人对于生活现状的某种集体体验，如果没有类似的体验，就不太能理解萨特到底在说什么。

新的问题又来了：既然我们不生活在那些大哲学家所生活的时代，他们的哲学跟我们又有什么关系呢？我们还需要学习他们的思想吗？我的答案是肯定的，这是因为，人类的不同文明形态的生活形式，是彼此共通的，比如，现代中国已经进入市场经济时代，与市场契约有关的基本哲学问题（如，什么是抽象的人格）对中国也有意义。当下中国的年轻人也经常有疏离感，所以法国哲学家萨特的存在主义思想也能引起中国当代青年的共鸣。学习哲学的好处，就是在思考这些问题时能够具有高度的系统性与可推理性——说得简单一点，哲学能够让你对你的某种人生观点进行更系统的辩护或者驳斥，这样，你才能更深刻地理解你为何选择这样的人生道路，或理解为何你的一些选择是错误的。

哲学论述的系统性与可推理性，在客观上也解释了为何哲学文本都很抽象。道理很简单：感性示例的大量罗列，会破坏哲学文本的系统性与可推理性，甚至会破坏其简洁性。有人问过康德：能不能用大白话，多用一点儿通俗的例子将《纯粹理性批判》中的问题讲清楚？康德的回答是这样的：也不是不行，但是这样一来，这本书的厚度还会增加三倍，出版商就不开心了。从这个角度看，哲学书提供的往往是奶粉，要冲泡出思想的奶水，还得读者自己动手。

怎么冲泡出思想的奶水呢？这就是本书需要解决的问题。

冲泡奶粉需要热水，而诠释哲学也需要某种类似热水的溶剂。我所想到的溶剂就是电影。有不少有趣的电影能对抽象的哲学命题提供形象的解释。举例来说，如果我要讲解笛卡尔的怀疑论，一些朋友可能觉得索然无味，但如果我向大家介绍《黑客帝国》里的虚拟感官体验制造机制，很多朋友会觉得很有意思，而这部电影的构思，最初就来自笛卡尔的《第一哲学沉思录》。

正是基于上述原因，我决定写一本通过电影解读来普及哲学的小书。我们的讨论重点不在于一部电影拍得好不好，而在于其中的哲学问题。譬如，从艺术质量上看，我并不觉得美国电影《星河战队》是一部优秀的电影，但是这部电影对于外星生物的社会结构的思考，的确能够帮助我们反思对人类社会架构进行变形的可能性，而这种思考就具有鲜明的哲学维度。无独有偶，美国喜剧电影《有完没完》虽然口碑和票房都很一般，但是其剧情足以为黑格尔法哲学所阐述的市场人格的抽象性提供注解。

接下来，我想谈谈本书内容的展开逻辑。本书一共探讨了20个问题，分为4部分，每一部分都围绕一个关键词展开。第一部分的关键词是"论证"，第二部分的关键词是"未来"，第三部分的关键词是"社会"，第四部分的关键词是"人生"。

为何要按照这样的次序安排全书的内容呢？这是因为，这样的次序恰好与我们人类个体的成长经历吻合。

先从本书的第一部分的关键词"论证"说起。为何要以"论证"为起点呢？请回想一下自己的童年生活吧。那时候的我们，对复杂的社会或许懵懵懂懂，更谈不上具备反思人生的能力，却可能已经会做简单的几何题。可见，理性论证能力是我们在成长中最先获得的一项理智能力。从该阶段与人生以后各阶段的关系看，在该阶段获得的论证能力，为我们以后理解各种复杂的自然科学与社会科学知识打下了坚实的基础。要获得对于人生问题的反思能力，我们要先学会怎么做论证，怎么搭建思想体系的最基本的框架——这就像学武的过程：先要学会扎马步、定下盘，然后才能去学十八般兵刃。

第二部分的关键词是"未来"。为何是"未来"呢？很显然，空洞地谈论论证能力，未免有点枯燥，有时候，我们的确需要更丰富的社会语境来锻炼我们的思考能力。面向未来的科幻正符合生活阅历有限的青少年的心理特征。并且，科幻题材的文艺作品本身承担着科普的任务，对此类作品的欣赏能与我们在前一个阶段接受的"论证"训练产生天然的联结。同时，科幻题材的文艺作品往往对未来人类社会在技术刺激下可能产生的新架构进行了思考，因此，熟悉此类作品也能为我们思考更复杂的人生问题做好准备。

然后我们就可以进行下一个阶段的思辨训练了。在这个阶段，我们面对的就是第三部分的关键词"社会"。有意思的是，在真实运转的人类社会中，我们先前学到的论证本领似乎渐渐显得没有用武之地了：本来，根据理性论证的精神，黑的就是黑的，白的就是白的，对的就是对的，错的就是错的，但到了一定的年龄后，我们会发现社会中存在非黑非白的灰色地带，并由此理解简单的规则在这里是行不通的——我们得学会察言观色，学会听懂弦外之音，并慢慢地懂得"反讽"与"黑色幽默"。在这个阶段，我们也会变得更为成熟与老练。

等到过了中年，我们也就开始隐隐看到了自己的人生终点。此刻，我们会开始认真地思考我们整个人生的意义，以及下面的问题：我的人生会不会白过。这也就是我们最后一部分的关键词："人生"。

需要注意的是，虽然从"社会"这一部分开始，理性论证的重要性貌似就开始下降了，但理性并没有真正退场，因为哲学本身就是理性的事业。因此，即使是在讨论人生中的那些最微妙的问题（比如处在"灰色地带"中的那些带有暧昧色彩的问题）时，我们也要注意发掘其中的硬核逻辑。将暧昧的问题解释清楚，并由此了解暧昧的分寸与火候，这才是哲学能够带给我们的启发。

我之所以热爱哲学，是因为我觉得哲学能够满足我从各个角度思考人类生活的需要，而在世界上的所有学科中，没有任何别的学科能够像哲学这样给予研究者这么大的自由度。当然，我也很爱看电影，喜欢从哲学角度解释电影作品。希望这本小书能够通过哲学思辨与电影艺术的结合帮助大家享受思考的乐趣。

徐英瑾

2023 年 3 月 15 日

论证

第一夜　我们认定的"真相"究竟真不真？

理性的激情

我们要谈的第一个哲学概念是"辩护"，英文是"justifi-cation"。"辩护"好像是一个法学术语，为何哲学概念要借用法学术语表达呢？

实际上，在英文中，"justification"具有比法律意义上的"辩护"更宽泛的含义，其真正含义是"为某论题提供用以支撑它的道理"，说得简单一点，就是"讲道理"。所谓"讲道理"，就是给观点提供合适的根据。一种没有根据的说法或主张，仅仅是私人的意见，无法进入公共的信息交流渠道，成为大家都能利用的知识，而作为理性的事业，哲学活动的生命意义就在于讲道理。

那么，为什么不说"讲道理"，而用"辩护"这个词呢？

与"讲道理"相比,"辩护"这个词带有"捍卫"的意思,而"捍卫"本身就预设了有人在"进攻"。换言之,"辩护"这个词预设了围绕着某一观点进行攻防的复杂思想活动,这也是哲学意义上的"说理活动"与一般人所进行的"说理活动"的不同之处,毕竟,一般意义上的"说理活动"要么不设想潜在的论敌,要么满足于与潜在的论敌匆匆交战一两个回合,而对典型的哲学活动来说,围绕一个观点进行十几次乃至绵延上千年的思想攻防,也是常见之事。

当然,用军事上的攻防来比拟思想上的交锋是不太严格的。军事上的攻防是血肉横飞的,而思想上的交锋则主要是脑力斗争。另外,思想上的交锋往往会依据严格的法则进行,不像军事上的斗争一样主张"兵不厌诈"。那么,必须遵守的辩论规则有哪些呢?在这些规则中,最重要的是以下几条。

第一,悬置自己的情感,用理性进行分析。这里所说的"悬置情感",既是指要悬置自己对某些论题或者某些人的同理心,也是指悬置自己对某些论题或者某些人的厌恶心(至于对于真理与真相自身的热情,则不在被悬置之列,甚至应该被大力鼓励)。举个例子,若你的同乡在异乡被当成犯罪嫌疑人,那么他有没有违法,与此人是否与你同乡毫无关系。同理,这与此人是否曾与你有恩怨也毫无关系。你不能因为自己与他是同乡,而天然地对他产生恻隐之心,也不能因为自己与他曾经有恩怨,而天然地对他产生厌恶之情,并因为同情或厌恶而导致判断不公。与之相比，在军事斗争中，通过心理战来增强己方将士的凝聚力，增加其对敌人的厌恶感，则是惯用的套路。譬如，"建安七子"中的陈琳在做袁绍的谋士时写了《为袁绍檄豫州文》，辱骂了袁绍的敌人曹操，在当时产生了广泛的社会影响，但从哲学辩论的角度看，这篇檄文的行文其实有很多不合理的地方（不但辱骂了曹操，还牵扯上了曹操的父亲与祖父），因此，此文绝对说不上是说理的范文。

第二，就事论事，不能偷换论题。譬如，若一个哲学家主张时间的存在是一种幻觉，但你不赞同这个观点，那么你就需要围绕着他的观点进行反驳，而不能转移话题（比如，讨论空间的存在是不是一种幻觉），除非你能论证新话题与原话题有本质性的联系。与之相比，在军事斗争中，"明修栈道，暗度陈仓"则是惯用的手法。

第三，不能循环论证，即将自己想论证的观点作为论证的前提或论据。譬如，如果有人想论证"汉灵帝是一个昏君"，那么支持这个观点的论据就不能是"汉灵帝是一个受到广泛批评的帝王"，否则该论据就是对于相关论点的重述。较合适的论证方法是列举被讨论对象的典型事迹，然后从对这些典型事迹的评价出发，归纳出对被讨论对象的评价。不过，需要注意的是，如果一个人的先入之见过强，那么他在组织相关的经验证据时就有可能故意忽略那些与其观点不相一致的证据——这种做法依然是一种潜在的循环论证。

现在我们来讨论"反对循环论证"这一规范性要求在军事斗争中的体现。一些读者朋友或许会提出，既然哲学活动中的前两项规范性要求"悬置情感"与"就事论事"在军事斗争中会被适当淡化，那么"反对循环论证"这一要求是否也不需要在军事活动中执行呢？需要注意的是，如果我们讨论的军事活动指的是军队内部的信息交流（特别是作战计划的制定）而不是针对敌人的欺骗活动，那么上述三条规范性要求就都必须得到遵守。在军事上违背"反对循环论证"这一规范甚至会导致灾难性的后果，因为执着于胜利的统帅会系统性地忽略致其行动失败的各种因素。军事史上的一个著名案例是中途岛战役前夕日本海军所做的兵棋推演——推演的结果是数艘日本航母被击沉，但为了给司令部打气，参谋们修改了演习参数，将演习的结果篡改为日本海军大胜。换言之，日本海军司令部在这里进行的推理模式就是"因为我们能赢，所以尽量去搜集证明这一点的材料就行了"，这种可笑的推理谬误导致了日本联合舰队在1942年6月中途岛海战中的灾难级失败。

从字面上理解以上三条哲学规则当然很容易，但是要实践这些规则非常难，这又是为什么呢？

一个可能的答案是，人在试图讲理的时候，并不始终是理性的动物。人是有情感、有意志的，而情感又与其生活背景与文化背景密切相关。某些哲学家（如叔本华）甚至认为，人类的知识把握能力只是人类欲望的奴仆，换言之，每个人都只能看到他们想看到的东西。由此，我们也就能回答下面三个问题了。

其一，为何有人沉溺于情感，无法从理性角度分析问题？这是因为从理性角度分析问题需要人们从自己所处的生活经验中抽离出来，用完全外部的视角去看待人与事，这会带来一种极大的心理上的不适感。

其二，为何有人就是不愿意就事论事，习惯于偷换话题？这是因为长时间追踪一个话题需要很强的耐心、记忆力与判断力，而缺乏这些能力的人很容易被一些线索的字面意思影响，成为不动脑筋的消极受众。现代大众文化所提供的信息万花筒正在批量生产无法咀嚼话题的深层信息的消极受众，他们的注意力被从一个话题牵引到另外一个话题，缺乏在某个特定话题上充分停留的时间。"偷换话题"的伎俩在这一社会土壤上大行其道。

其三，为什么有人热衷于循环论证？这是因为他们太想证明自己能赢，而他们的这一想法之所以如此强烈，是因为他们自己太想赢。请注意，从"想赢"出发，不进行艰苦的证据搜集工作，直接跳到"能赢"的结论，这就是循环论证的典型模式。因为论证的过程基本被省略了，推理者也就自然逃避了在论证过程中对自己不利的证据拷问。这是妥妥的"懒人推理法"。

不幸的是，这世界给我们呈现的信息永远比我们设想的复杂。若不用理性的态度论证我们所获取的信息，会引起很麻烦的问题：当甲与乙分别基于各自的情感判断是非时，由于所受教育与基本生活环境的不同，他们的同理心所施加的方向可能完全相反。这时候，我们究竟应当以甲的情感为准，还是以乙的情感为准呢？如果缺乏一个理性讨论的平台，这个问题就会沦为说话人各自的世俗权力的比拼，由此丧失客观的标准。很明显，世俗权力所引导的"意见一致"是很难经得起时间考验的，譬如，虽然赵高可以利用他的世俗权力短暂地做到"指鹿为马"，但鹿毕竟还是鹿，马毕竟还是马，而那个"指鹿为马"的人，最终也成了历史的笑话。总而言之，若要让某一结论成为人类公共知识中的一部分，最可靠的办法还是讲道理、做论证，为这一观点进行恰当的辩护。

1957年上映的美国影片《十二怒汉》可以很好地说明这一观点，它是美国导演西德尼·吕美特的处女作，说的是这么一则故事。

美国某城市发生了一桩贫民窟少年弑父案，陪审团要裁决犯罪嫌疑人是否有罪。陪审团是从一般公民中随机抽选的，通常是重大刑事案件选12人，以防有人贿赂陪审团造成司法不公。影片中的12位陪审员由来自不同阶层、不同行业的人组成，有橄榄球教练、银行职员、股票经纪人、果酱推销商、钟表匠等等。这12名陪审员互不相识，按照规则，他们必须意见一致才能做出裁决。因为"贫民窟少年"这个标签带来的负面情感色彩，在第一轮投票中，有11位陪审团成员认为嫌疑人有罪，而在亨利·方达扮演的"8号陪审员"（他的本职是建筑师）对陪审团的其余成员进行反复理性劝说之后，所有成员最终一致同意嫌疑人无罪。

在这部电影中，我们很容易发现情感给某些陪审员带来的消极影响。比如，3号陪审员是通信服务公司老板，他与儿子的关系不好，认为儿子对自己很不孝顺。在这样的情况下，他对有犯罪嫌疑的"贫民窟少年"天然抱有恶感，因为这位嫌疑人让他想起了自己的儿子（有足够的证据证明这位犯罪嫌疑人对父亲喊过"我要杀了你！"），而他也成了片中最顽固地坚持对嫌疑人进行有罪裁决的陪审员。强烈的情绪促使他陷入了不少逻辑推理谬误，如"偷换话题"（当陪审团的议定话题转到犯罪嫌疑人是否有罪的时候，他威胁要杀了坚持嫌疑人无罪的8号陪审员）和"循环论证"（歪曲或者无视一切对犯罪嫌疑人有利的证据，以便维护自己有罪推定的预设）。

当然，并不是所有的情绪都会对辩护与论证造成消极影响，那种偶然地与事实的指向相重合的情绪指向是可以对辩护与论证起积极作用的。譬如，在《十二怒汉》中，5号陪审员因为有过在贫民窟生活的经历，对针对贫民窟少年的所有可能的误判都非常敏感，这就使得他特别关心证明犯罪嫌疑人有罪的证据链中的漏洞，而本片中，该证据链确实存在重大漏洞。

不过，这种情绪指向与事实方向重合并起到积极作用的情况毕竟是偶然的。我们完全可以设想，在另外一种境况中，犯罪嫌疑人在事实上是有罪的，而对犯罪嫌疑人的过度共情导致真相被遮蔽。因此，我们需要另外一种积极的情绪进行纠偏，这种情绪就是对真相自身的好奇心以及对逻辑矛盾的天然厌恶。请注意，这种情绪是对事不对人的，换言之，即使某篇自相矛盾的案情陈述对我的仇人不利，我也会因该陈述自身的逻辑矛盾而产生极大的不快感。我个人倾向于将这种情绪称为"基于理性的激情"。在《十二怒汉》中，8号陪审员显然就充满了这种基于理性的激情。他敏锐地在证言中发现了这样一个漏洞。根据住在犯罪嫌疑人楼下的一位瘸腿老年男子的证词，他听到楼上的受害人倒地后，就从自己的卧室出发，一直走到门口，然后正好看见犯罪嫌疑人下楼。证人作证，从他听到声响到看见嫌疑人，一共花了15~20秒。8号陪审员在现场搭建了一个证人住房的1∶1简易模型，测试一个瘸腿老人从卧室走到门口的时间，测试的结果是41秒多，远远多于证人自己说的15~20秒。这足以说明证人的证词是不成立的。考虑到该条证词是证明嫌疑人有罪的核心证词之一，指出该证词的漏洞足以使得案情的审理立即转向对犯罪嫌疑人有利的方向。

我们要如何在具体的论证中克制那种负面的情绪，以培养对于真相自身的敏感与热情呢？这是否与个人的职业与文化背景相关呢？答案是否定的。虽然在《十二怒汉》中，8号陪审员的建筑师背景的确帮助他做出了更合乎逻辑的推断（建筑师会对房型以及与走动路线有关的信息更加敏感），但是，作为银行职员的2号陪审员却一直是个骑墙角色，而8号陪审员的支持者之一则是学历不高的6号陪审员。所以，是否愿意让基于激情的理性左右自己的思维，与学历及社会地位的高低没有直接关系，这是一个思想境界问题。如果你试图给出经得起后世考验的结论，你就会倾向于纠正自己判断中的偏私，并努力使辩护与论证过程趋向完美。如果你仅仅满足于给出一个能让自己在当下的环境中获得利益的结论，你就会见风使舵，疏于检查自己的推理过程，甚至完全不做推理。或许，可以将这两种态度类比为"建造一座千年不倒的桥"与"建造一座马上能够创造收益的桥"。

有人会说：我就是不在乎我造的桥千年以后倒不倒，我只在乎当下的利益。这样，是不是就不需要严谨的论证态度了呢？

答案也是否定的。一个人就算只在乎今生今世的功利，在这样一个已经高度分工的社会，要做成一件大事，也需要说服尽量多的人赞成自己的主张，而论证与辩护依然是使得主张被接受的重要路径之一。譬如，如果一个项目开发者要说服天使投资人相信自己的投资项目能够盈利，他就既不能诉诸情感（瞧，我多想发财啊！），也不能在论证项目可行性的时候跑题（明明在说快餐业，却突然谈到了快递业），更不能做循环论证（我之所以能成功，就是因为我想成功！）。他必须用理性为自己的主张辩护，否则，就没有人会为他的利益辩护。

总之，让我们真心诚意地面对理性，悬置偏见吧！这是一切哲学讨论的基础。

第二夜　为讨厌的人辩护是背叛自我吗？

抽象性人格

昨晚，我们探讨了如何悬置偏见，直面理性，而要成为一个理性的人，我们就要锻造能够扮演抽象性社会角色的抽象人格。

这听上去有些抽象，下面我们用2007年发行的美国喜剧片《小鬼上路2》来说明。在这部电影中，主人公尼克·珀森斯从一个叫米切尔的房地产代理商那里买了一幢新房子，结果房屋的问题层出不穷，他找本地的房屋维修公司来解决问题，但来修房子的竟然还是米切尔，更可笑的是，当他发现房子的电路也有问题时，本地的电力公司派来的还是米切尔。这同一个米切尔就像会七十二变的孙悟空那样，穿上不同的制服，扮演不同的角色，解决不同的问题，他甚至会以一种身份的口吻批评自己以另外一种身份完成的工作。在这部电影的结尾，米切尔所扮演的角色的多重性达到了令人难以置信的地步：他作为一名有执照的接生医生，帮助主人公的妻子完成了生产。

这部电影以感性的方式解释了哲学家所说的"抽象性人格"。抽象性人格要求社会以某种社会角色赋予个体的抽象特征来看待个体：当我扮演房地产开发商的时候，我的任务是尽量掩盖房屋的缺点并将其卖出去；当我扮演房屋维修公司的工作人员时，我的任务是尽量指出房屋的问题，以便说服房主花钱维修。很显然，这两种身份在概念层面上是彼此分离的，即使在两种身份下做的事相互冲突，也不能因此被批评为背信弃义。这就是"抽象人格"的含义：一种身份被从其所在的人格整体中抽离出来后，被抽离出来的身份本身就会被当成自足的存在者。

不同的抽象性人格会在同一个具体人格上发生冲突，而现代社会为缓解这些矛盾所想的办法，便是建立契约制度。假设有两家电影公司在争夺同一位大明星，那么显然，只有在这位明星的行为违反了相关的排他性商业条款（比如某某明星在某某时段内只能为某公司拍片）的情况下，指责他背信弃义才是成立的。反之，如果这位明星没有违反任何商业契约，他就当然有权为不止一家电影公司拍摄，即使他知道这些公司彼此之间存在竞争关系。

哲学论证也是同样的道理。很多哲学家（如柏拉图、马克思、维特根斯坦）的思想一直在变化之中，但很少有人因此批评这些哲学家"背信弃义"。正如房地产代理商是房地产代理事业的人格化、演员是剧本中特定角色的人格化一样，哲学家也不过是特定哲学观点的人格化。正如一个演员可以成为不同剧本中的不同角色的人格化一样，同一个哲学家也可以成为不同哲学观点的人格化，譬如，青年马克思是费尔巴哈式的人本主义思想的人格化，而成熟时期的马克思则成了历史唯物主义思想的人格化。

但这是否意味着哲学家可以随意改变自己的观点，而丝毫不顾及思想的融贯性呢？也不是这样的。就像一个演员必须在合同有效期内履行其对某家电影公司的义务一样，哲学家也需要在一份虚拟的思想合同中保证他自己的思想能自圆其说。这份虚拟的思想合同一般指独立的哲学作品，譬如论文或是著作。如果一个哲学家在同一篇论文中都无法维持其思想的融贯性，其哲学思维能力就会遭到业界同行的嘲笑。

如果一个人无论是在学术研究还是商业生活中，都已经适应了这种基于抽象人格的生活，那么，他就更有可能在论证中悬置自己的偏见，就像一个能同时扮演霸道总裁与底层员工的演员在看待问题时，能更自如地从总裁与员工的视角抽离出来，以旁观者的态度去处理分析问题一样。原因非常简单：当一个人可以交叉性地用总裁与员工的眼光看待问题的时候，他得到的图景自然更全面、更客观。

　　要培养这种全面、客观的视角，完整、全面的人生经历是不可或缺的。广泛的游历以及与社会各个阶层的接触，都可以帮助我们理解别人的想法，并通过这种相互理解来削弱任何一种特定的偏见。对于那些暂时没条件游历天下的人来说，哲学阅读能起到类似的补偿作用，因为哲学史上诸多思想家之间的辩论足以向我们展示任何一种特定的哲学见解的脆弱性。如果觉得哲学书太晦涩（本书除外），那也还可以通过一个办法培养抽象的理性人格，即参加辩论赛。参赛者先选定一个大家都感兴趣的论题，通过抽签确定正方和反方，然后辩论。

　　辩论赛的一大看点是，正、反双方未必会抽到自己赞同的观点，譬如，一个主张"吃牛肉的习惯会对地球环境构成威胁"的人抽到的观点可能是"吃牛肉的习惯不会对地球环境构成威胁"。这样，每个人所扮演的角色都可能与其生活经验构成某种背离，而辩手只有在尽量共情地理解对方的观点，并尽量合乎逻辑地构建自己的观点的情况下，才能完成比赛。

　　然而，若一个人一直为自己所不赞成的观点辩护，其诚实的品格会不会遭到侵蚀呢？我认为不会，理由有四。

　　第一，一般而言，辩论赛会选取那些的确值得一辩的话题作为辩题，几乎没人会去辩论那些几乎毫无争议的话题，如"为何日心说比地心说更合理"或"希特勒在奥斯维辛的所作所为是不是典型的种族灭绝"。只要话题值得一辩，正、反方的论据就多少都有一点合理的地方。因此，当辩手在比赛中的立场与其本人的立场不一致时，他们反而能借此对自己的既有立场进行反思，使得自己的观察与思考更加深入、客观。

第二，辩论赛带有一定的表演性质，再者，观众都知道辩手未必赞同他们当下辩护的观点，这也就使得辩手一般不会遭到"为何为自己不相信的观点辩护"之类的社会指责，正如扮演反面角色的演员一般不会因此遭到社会舆论的批评一样。

第三，辩论赛一般都有严格的形式规定，以保证比赛的公正性（比如对于正、反方辩论时间的限制）。浸淫于这些规则的辩手也能在日常生活中养成倾听别人发言的良好习惯，这对营造理性的社会氛围至关重要。

第四，在法庭辩论中，为自己厌恶的人辩护可能是律师在职业生涯中迟早会遇到的事情。在辩论赛中为自己不赞同的论题辩护可以成为某种有用的前期训练。

为恶人辩护其实也并不影响正义的实现，下面，我将以电影《林肯律师》为例，来说明一位优秀的法律人是如何同时做到这两点的。

这部电影说的是这样一则故事。洛杉矶刑事辩护律师米奇·豪勒因为喜欢开"林肯"牌汽车办案，在业内被称为"林肯律师"。这一次，豪勒要为房地产开发商路易斯·罗莱特辩护，而此人遭到的指控是殴打并企图强奸应召女郎瑞琪。罗莱特反复强调自己是被陷害的，声称自己去找瑞琪的时候遭遇袭击并昏迷，醒来之后就发现瑞琪受了伤，并被她指控非礼。一开始，豪勒找到的证据确实证明罗莱特是被陷害的，但慢慢地，豪勒与他的助手列文以及豪勒做检察官的前妻玛吉发现，罗莱特其实是多年前一起应召女郎遇害案的真凶。列文在搜集相关证据时，被对方杀害，而同一时间，瑞琪诉罗莱特一案正式开庭。豪勒忍着好友列文之死所带来的悲痛，为他眼中的"人渣"罗莱特进行了完美的辩护，帮助他成功摆脱了瑞琪的指控。但是，豪勒转而又向警方提供了其他证据，最终让罗莱特受到了法律的严惩。

在这里，我们不妨将豪勒律师为坏人辩护的理由罗列于下。

第一，他与委托人签订了委托代理合同，他必须根据合同履行其作为律师的义务。

第二，虽然他的委托人罗莱特是一个人渣，但是，瑞琪对罗莱特的指控的确缺乏足够证据。至少在这一起案件上，他的委托人可能是无辜的。

第三，在上述案件中为委托人辩护，在逻辑上并不妨碍他在另外一起案子中揭露委托人的罪行，因为他们的委托代理关系并未涉及上述案件之外的事情。

上面所说的第三点尤其值得关注。英文中有一个短语叫"case by case"，直译为"一桩案子归一桩案子"，也可以被意译为"一码归一码"。从哲学角度看，能够理解"一码归一码"这一原则的人，也是基本具备抽象理性人格之人。这样的人可以理解"事"的抽象性凌驾于具体的人之上，而只有完成了这样的理解，相关当事人在进行论证活动时才能做到"对事不对人"。

由此，我们也可以从更深入的角度来回答与昨晚的讨论相关的问题：为何有些人无法摆脱自己的固有身份所造成的偏见，去尽量抽象、中立地看待问题呢？这很可能是因为他尚且不理解那种基于抽象身份的生活形式。在传统的宗法社会中，要理解这种生活方式显然是非常不容易的。以《阿Q正传》为例，小说中描绘的未庄便是这样一个传统的宗法社会：其中所有人的身份都会伴随终生，不会随着本人自我识别的改变而改变。在阿Q眼中，赵太爷即使变成了"革命党"也还是赵太爷，而在赵太爷眼中，阿Q就算自我指认为"革命党"也不会成为自己的同道。因此，在辛亥革命之前，阿Q处在被侮辱与被损害的"未庄歧视链"末端，而在辛亥革命之后，阿Q依然处在被侮辱与被损害的"未庄歧视链"末端。

那么，为何在未庄这样的宗法社会里，人们无法像《小鬼上路2》里的珀森斯或者《林肯律师》里的豪勒那样，以宽容的态度接受个体改变自己抽象身份的行为呢？这是因为传统宗法社会的运转逻辑不是建立在契约关系上的，而是建立在血缘关系上。正如前文所指出的，契约的基础是事情本身，一般而言，事情（如建一座楼，完成一部电影的拍摄，等等）总有开始与结束的时候，所以，一个人只要能安排好时间，就自然能在一生中履行很多合同、做很多事情，并由此扮演多重社会角色。此外，在典型的契约社会中，因为已经有足够多的社会成员对契约活动有了感性的认识，所以基于契约的身份转换变成了常事。在宗法社会中，个体识别的基础主要是血缘关系，而血缘关系是不会随着一个人职业的改变而发生任何改变的。这也就解释了为何在传统宗法社会中长大的人更容易在逻辑推理中犯下"对人不对事"的错误（需要补充的是，基于情感的推理就是此类错误的典型表现，因为对于特定当事人的好恶恰恰构成了宗法社会中典型判断方式的基础）。

除了能有逻辑地进行论证推理，以契约为基础的社会结构比起以宗法与人情为基础的社会结构有怎样的系统性优势呢？

第一，这样的社会结构使更复杂的社会协作成为可能。其背后的道理很简单：若一个人能够扮演数个抽象角色，他能够做出的社会贡献的种类在数量上自然也会增加，而这些不同的抽象身份（以及这些身份所代表的劳动技能）所构成的组合的数量也会激增，整个社会所能完成的事业的种类也会随之激增。与传统的社会相比，这样的社会往往具有更强的创造力与更旺盛的生产力。

第二，这样的社会能够更好地实现社会公正。说得更清楚一点，一种基于"事例"的思维方式能够更好地帮助我们厘定一个人的责任。譬如，在电影《林肯律师》中，既然罗莱特在瑞琪控诉他的案子里是清白的，那么他就不会因为这起案子受到法律制裁——他最后受到制裁是因为其他案子。既不给犯罪嫌疑人多加责任，也不故意为其免责，这样的制度设计能让绝大多数社会成员感受到司法公正，由此维护社会的和谐稳定。在传统宗法社会中，基于人（甚至是基于家庭）的责任归属方式则会给个体带来很大的不安全感。譬如，按照《春秋公羊传》提出的"大复仇"理论，一个人有权替蒙受冤屈的祖先向祖先仇家的后人复仇。在这种社会氛围的影响下，汉代基于家族复仇的谋杀案层出不穷，不少人因为自己的爷爷在多少年前挤兑过别人的爷爷而被别人的孙子糊里糊涂地杀死了（在汉代"春秋决狱"的司法制度下，这种复仇杀人案的案犯往往会在复仇理论的帮助下得到轻判）。在现代中国，这种允许私自复仇的理论基础已经被取消了，因为现代中国的社会运转逻辑已经从"基于人"转换为"基于事"。根据这种现代化的思维逻辑，祖辈的恩怨与子孙的责任之间毫无因果关系，因为祖辈与子孙的血缘关系不足以构成"事"与"事"的重叠。

从上面的分析来看，就事论事的哲学分析态度与论证方法，只是抽象的人格身份被普遍接受的副产品。这种副产品一旦产生，就又能反过来促进社会分工的细化，由此进一步提高社会的运转效率。这是因为，要详细地了解一个人的喜怒哀乐与社会背景是非常耗时且困难的，而在当事人的背景知识全部被抽象化的前提下验证某论证是否合理，要相对省时简单得多。因此，如果我们能就事论事地对一个人的思想产品的质量进行评估，我们就能以最小的时间成本判断某一推理的结论是否可靠，并在此基础上判断是否要实践这一结论。这样做也能帮助我们系统性地规避由个人偏见导致的误判。

第三夜 "自证清白"还是"他证清白"?

举证责任分配

"举证责任"的意思大致是论证主体在论证活动中为相关论点提供证据的责任。这里所说的"证据"是指这样的一些信息：其能实质性地提高相关论点的可信度。譬如，消费者在某家商场购买商品时开出的票据，就能实质性地提高以下主张的可信度：他的确在这家商场购买了这一商品。

"举证责任分配"为何会成为一个问题呢？让我们来设想下面这个场景。某消费者说，他买的电饭煲有质量问题，商家应当退款。商家要求消费者证明这个电饭煲的确是其卖出的，因为在同一座城市里，贩售同一型号电饭煲的商家还有36家。但消费者认为，证明责任应当落在商家肩上。那么，到底哪一方的主张更有道理呢？

民事诉讼中举证责任分配的一般规则是"谁主张，谁举证"。也就是说，谁提出诉求，谁就应当负责提供支持该诉求的证据。应用到前面的案例中，既然是消费者主张商家售出的电饭煲有质量问题，那消费者就需要证明这个电饭煲确实是商家出售的，将举证责任转嫁到商家身上没有道理。

那么，为何世界各国普遍制定的是"谁主张，谁举证"的举证规则呢？我认为有以下三个原因。

第一，为了使权利与义务相统一。一般而言，提出诉讼请求的人是希望获得相应的收益的。既然存在预期中的收益，那他们就需要为相关的诉讼请求提供证据。反过来说，被告一般不会因为原告的诉讼请求受益（被告的利益还会因此受到损害），要求被告为原告提供证据实在是强人所难了。

第二，设置该举证规则可以减少民事诉讼案件的数量，由此为司法系统"减负"。毕竟，收集证据非常耗费时间、精力与金钱，任何一个理性人在提出诉讼请求前，都需要估量一下自己手中的证据，如果证据不足就要考量是否仍要提出该诉讼请求。

第三，该举证规则与"无罪推定"的刑事司法原则在理念上是一致的。"无罪推定"是指，除非公诉人能以强有力的证据证明被告有罪，否则，被告就会被默认是清白的。很显然，将举证责任放置在公诉人肩膀上的做法，使得将被告从"清白状态"转为"有罪状态"的难度大大提升，可以防止公权力被滥用。

需要指出的是，举证责任的这种分配方式在日常生活中往往难以实践。有时，我们会被要求做一些荒谬的证明，譬如"为何我爸爸是我爸爸"。在舆论场上，也有不少人在被莫名其妙地污蔑后被要求"自证清白"，而攻击者却不需要提出任何支持其观点的证据。

电影《让子弹飞》中就有一个被反复提及的片段：六爷去吃饭，被胡万、武智冲与店家联合诬陷。诬陷者说，六爷吃了两碗米粉，却只付了一碗粉的钱；而六爷说，自己只吃了一碗米粉，且已经付了一碗米粉的钱。很明显，按照"谁主张，谁举证"的举证责任分配规则，胡万与武智冲应当给出证据，证明六爷的确吃了两碗米粉，且只付了一碗米粉的钱，但他们只能给出作为原告之一的店家的证言。

《让子弹飞》的故事发生在民国初年，那时既没有录像监控设备，也没有电子发票，想找到物证证明六爷的确只吃了一碗米粉，实在是非常困难。饭馆里其他食客的证言原本应当能还六爷清白，但不幸的是，六爷当时进入的是精心为其设计的圈套，四周的看客几乎都是胡万的人，他们附和胡万，污蔑六爷第二碗粉没付钱。六爷在巨大的舆论压力下，为了自证清白，剖腹证明自己肚中只有一碗米粉，就这样断送了性命。其实，六爷并不需要承担"我没有吃两碗米粉"这一观点的举证责任，因为他不是提出质疑的一方。

面对一群对公平正义毫无敬畏之心的宵小之徒，和他们谈"举证责任"就是对牛弹琴。在这种情况下，最关键的问题是如何脱身。只要六爷逃出来，他就可以与作为县长的大哥设立规模更大的公堂，然后要求胡万当众拿出证明六爷吃了两碗米粉的有力证据，从而挽回自己的名誉。

美国电影《最后的决斗》中的主人公就试图去更大的公堂寻求公道。这部电影所说的故事发生在十三世纪的法国。在影片中，诺曼骑士让·德·卡鲁日和乡绅雅克本是最好的朋友，然而有一日卡鲁日打仗归来，他的妻子玛格丽特对丈夫哭诉雅克强奸了她。卡鲁日希望诺曼地区的行政长官皮埃尔·达伦伯爵能够为他与他的妻子主持公道，但达伦伯爵与雅克的私交更密切，做出了祖护雅克的裁判。卡鲁日不服，跑到巴黎去找国王告御状，希望与自己和雅克都不熟悉的国王能够做出公正的判决，但年轻的国王也担心裁判不公影响自己的名声，于是将裁判的责任转移给了宗教法庭（这样国王就只需根据法庭的意见做出裁判）。故事到此开始变得出人意料：虽然法庭一致认为玛格丽特与雅克发生了关系，但对于女方是否自愿，法庭没有能力做出独立的判断，于是按照当时的宗教习惯法，法庭将审判的责任转移给了上帝！

在中世纪，"上帝审判"的做法是这样的：让原告的丈夫卡鲁日与被告雅克当众决斗，生者即赢，死者即输，而如果卡鲁日输了，非但他本人活不成，玛格丽特也会因为诬告罪被当众烧死。这种怪异的审判法之所以被说成"上帝的审判",是因为当时的神学界认为,真正正义的人会得到神的帮助,并在决斗中获胜,通过谁获胜这一结果,就能反推出上帝的审判意向之所在。

这部取材于真实历史事件的电影充分诠释了举证责任问题是如何与现实的司法考量相互纠缠的。玛格丽特主张自己遭到了雅克的性侵,但是在当时的技术条件下,要为这一主张提供证据十分困难,更何况,雅克反复在法庭上强调两人是两情相悦才发生关系的。在这样的情况下,本着"谁主张,谁举证"的原则,玛格丽特提供的证据并不充分,雅克应当被无罪释放,但玛格丽特始终不肯撤诉,这就倒逼法庭不得不启动了"上帝审判"程序。从表面上看,"上帝审判"就是封建迷信,但若仔细想一想,这种司法制度其实是执政者在当时的认知水平下能够想到的最优解。本案中,宗教法庭的法官大概是按以下思路思考的。

法官已经知道玛格丽特指控雅克证据不足,但是,法官还额外知道如下事实。

其一,玛格丽特的丈夫卡鲁日与雅克的关系本来是不错的,因此,卡鲁日夫妇污蔑雅克的动机并不充分。

其二,玛格丽特从地方法院一直上诉到巴黎,因此花费了大量的精力,如果她的指控子虚乌有,那她这样污蔑别人的动机又是什么呢?

其三，更关键的是，玛格丽特与卡鲁日都知道，如果启动"上帝审判"程序，他们这对夫妻有一半的概率会死。在这样的情况下，他们竟然还坚持不撤诉，这是否说明他们的确是正义的一方，不担心自己在最后的决斗中死亡呢？

如果法官额外知道这三个事实，那么启动"上帝审判"程序就成了最稳妥的做法，反正决斗是双方自愿参加，因此出现的人命损失与法官没有关系。

那么，这种为被告考虑得如此周到的法律制度，会不会导致定罪变得非常困难，使得确实有罪的人逍遥法外呢？这种情况在现实生活中确有发生。但尽管如此，这种司法制度仍然是必要的，因为它能够减少冤案的发生，由此维护法治体系的权威。

在司法系统之外，"谁主张，谁举证"的规则还适用吗？

当然适用。为自己的观点提供论据，是基本的辩论道德。但问题是，在很多讨论中（比如上帝是否存在），对于什么是"证据"，哲学家往往莫衷一是。下面，我们从电影《圣女贞德》（吕克·贝松导演，1999年版）切入，讨论这一问题。

法国少女贞德从小就说她能看见神迹。英国军队攻打法国后，有一天，她又宣称看到了神迹，并按照上帝的旨意组织义军抵抗英军。后来，她不幸被英军俘虏，而被英军控制的法国傀儡宗教法庭试图给她安上"异端"的罪名，以便处死她。贞德当然不认罪，因为她认为"自己是上帝的使者"有坚实的证据支撑，而这便是她所获得的关于上帝的心理印象。对此，宗教法庭反驳：你怎么知道你看到的不是你自己的幻觉呢？

宗教法庭其实提出了一个非常重要的哲学问题：某人在心理世界中获得的某种强烈印象，是不是某物存在的证据。这个问题在法律上是不成立的，因为法庭认可的人证与物证不可能是主观的心理印象。但既然现代司法系统不会讨论"上帝是否存在"这样的问题（其实中世纪的宗教法庭也不会讨论这个问题，因为当时人们坚信上帝是存在的），它自然也不会讨论"怎样的心理证据能够算作证明上帝存在的证据"这样的问题。另外需要注意的是，心理证据对宗教信仰而言往往是至关重要的，因此，在宗教哲学的讨论中，排除心理证据会使讨论难以继续。

对于这个问题，西方哲学史上最大的"和稀泥者"康德提出了这样的解决方案：宗教属于信仰的领域，与知识无关，如果你主张上帝存在，你就是在另外一个频道上发言，我因此不会要求你提供证据；同时，我也不会断言你说的一定是错的。康德对于上帝是否存在，持的是"不可知论"的态度，在康德那里，"谁主张，谁举证"的要求在宗教哲学层面并不可取。

从上面的情况看，是不是我们讨论的话题越抽象，就越难找到扎实的证据支持主张呢？如果是这样，那么聚焦于抽象问题的哲学讨论其自身理性的特征，又该如何维护呢？

在此，我们就要给出弱化版本的举证规则："谁主张，谁就负责维护主张的融贯性"。

这里的"融贯性"就是"自洽性"的意思，也就是说，陈述不能自相矛盾。一段没有自相矛盾的陈述未必表露了真相，但一段自相矛盾的陈述肯定不能反映真相。因此，即使我们无法保证某些抽象陈述能得到坚实的经验证据的支持，我们至少也要保证该陈述没有自相矛盾。

有部分哲学家主张，按照上述逻辑，我们能迂回地推出"上帝是否存在"这个问题的答案，下面就是相关的论证步骤。

第一步：我们知道，物理世界是因果封闭的——说得通俗一些，就是任何物理事件都是出于特定的物理原因发生的，它们不能无缘无故地发生。

第二步：我们都知道，上帝不是可测度的物理对象，所以，上帝的存在不是一个物理事件。

第三步：我们也都知道，上帝被设定为物理世界的创造者。

第四步：这就引发了一个问题，即自身不是物理对象或者物理事件的上帝，要如何使物理世界得以存在。很显然，上帝的存在与物理世界的因果封闭原则相互矛盾。

第五步：由上，上帝不存在。

不过，持相反观点的哲学家会说，上述论证已经预设了物理世界的因果封闭原则的正确性，而该原则在语义上已经包含了"上帝不存在"，因此，上述论证从根本上就犯下了循环论证的谬误。

然而，对方又可以反驳：如果你们否定"物理世界的因果封闭原则"的正确性，那这种否定本身就蕴含了打破因果关系网的可能，而这种说法本身就蕴含了上帝的存在（上帝难道不正是被定义为超越因果关系的存在吗），所以，你们才犯下了循环论证的错误！

　　我们很难说哪一方的观点是完全正确的而哪一方的观点是毫无可取之处的，哲学讨论的特征就是，任何一方的观点都会像"飞去来器"一样被对手利用转而攻击提出它的人，否则，为何今天的哲学家仍然在讨论两千多年前的哲学问题呢？即使如此，"谁主张，谁举证"的举证规则也依然以变体的形式在哲学辩论中留存，即"谁主张，谁提供论证"——只不过这里所说的论证，不仅包含对人证与物证的罗列，还包括演绎论证、归纳论证、类比论证等等。另外哲学家虽然经常讨论上帝是否存在，但在彼此无法说服的时候，绝不会开启"上帝审判模式"，用刀剑的碰撞代替思想的争鸣。哲学家有的是耐心，可以静静地让子弹再飞一会儿。

第四夜　该和敌人讲理吗？

囚徒困境

从《让子弹飞》这部电影来看，遇到不讲理的人时，与之说理不仅无效，还可能导致自己受伤，那么，在更为极端的敌对状态，例如战争状态下，说理是不是就更没有必要了？

其实，如果你发现你的敌人具备理性，而己方也具备理性，那么，与敌人讲理便可以得到双赢的结果。下面是一则真实的历史案例。

建安十八年（公元213年）初春，为了报赤壁之战失败之仇，曹操再次率领大军攻打江东，双方在濡须口陷入僵持。孙权这时候做了一件很大胆的事：他乘上一条船探访曹军水军大营的虚实，还在曹军的乱箭中全身而退（后来罗贯中将这段历史改编成了"草船借箭"的故事）。事后，孙权给曹操写了一封信，上面写着"春水方生，公宜速去"。曹操看了信之后，说了一句"权不欺孤"，就这样撤去大军了。

为何曹操精心策划的一次军事行动，就这样因孙权的8个字夭折了呢？曹操的推理过程有可能是这样的。

第一步：孙权有可能是在骗我，也可能不是，因此，春水要么会涨，要么不会。

第二步：假设春水不涨，那么就目前的战况而言，两军势均力敌，己方并不占优势。

第三步：假设春水涨，那么作为防御方的吴军会占优势，而曹军会处于不利地位（孙权敢于单船挑衅曹军并全身而退，就足以证明东吴水军在复杂水文条件下操控船只的能力更强）。

第四步：无论孙权说的是不是真的，曹军的处境都不可能改善，最多只能维持现状。

第五步：有胜利的可能，才有继续交战的必要，而根据上述分析，己方没有胜利的可能。

第六步：我应当撤军。

由上，我们也可以反推出孙权写这封信时的心理推演步骤。

第一步：要么曹操是聪明人，他可以推出上述结论，要么他没有那么聪明，无法做出上述推理。

第二步：如果曹操能做出上述推理，他就会立即撤军，这是自己所希望看到的结果。

第三步：如果曹操不能做出上述推理，并不撤军，那么上涨的春水会给他制造更大的麻烦，吴军也因此有可能斩获更多，这亦是自己希望看到的结果。

第四步：写信给曹操坦陈情况对己方有利。

由此看来，即使是深陷军事斗争泥潭的敌对双方，也可以通过说理避免进一步的损失。

孙权与曹操的较量可以说是走出"囚徒困境"的典范。"囚徒困境"表现的是人类个体之间合作的不可能性。它假设一对同案犯被警察抓住，并被隔离审讯，警方向这对犯人提出了以下条件：（1）若一人认罪并指证对方，而对方保持沉默，则指证的一方将实时获释，沉默者将被判监禁十年；（2）若二人都保持沉默，则二人都被判监禁半年；（3）若二人互相指证，则二人都被判监禁五年。

很明显，从整体利益上看，两个犯人应当都保持沉默，但是由于自私自利的本性，很多人会选择指证对方，但两个人如果都选择了指证对方，就都要坐五年牢，刑期是第二个选项中的10倍。由此看来，自私的本性会导致利益受损。

孙权与曹操的角力则证明，尽管人类本性自私，但如果有较好的推理能力，也还是能脱离囚徒困境的。下面就是在军事斗争的环境中对囚徒困境的改写。

假设曹操与孙权都在权衡是否与对方停战，在不知道对方决定的情况下，他们只能各自设想以下几种情况。

其一，我方想和谈，对方也配合，这样可以避免两军将士伤亡，但我方也休想通过和谈获得更大的利益（一般而言，和谈只能巩固前一阶段军事斗争的成果）。

其二，我方与对方都不打算和谈，而是继续交战，这样，在假设双方实力对等的情况下，双方的收益都不会明显增加而损失都会增加。

其三，我方不想和谈，但我准备假意与对方和谈，然后发动突袭，这样我方能获得巨大收益，损失也极可能很小。

其四，我方想和谈，但对方没有谈判诚意，趁我方不备发动突袭，这样我方会遭受巨大损失，而我方的收益几乎可以忽略不计。

没有人会希望发生第四种情况，而最保险的情况当然是第一种，因为在这种情况下，双方可以在不承受新损失的前提下保住现有的成果。这样，第二种情况显然就比不上第一种情况了，因为双方在两种情况下的收益相差不大，却要承担额外的损失。

现在的问题是，在第一种情况与第三种情况中，哪一种对己方更有利？

从表面上来看，第三种情况（欺瞒并偷袭）似乎比第一种情况（诚实谈判）对己方更有利，因为第三种情况中的收益远远多于第一种情况，而传统的囚徒困境之所以如此强调人类个体之间合作的困难，便是因为阐述者往往会聚焦于第三种情况中的巨大收益。但这里要指出的是，任何与孙权或者曹操智力水平相当的人都会发现，该收益其实是无法实现的。

这是因为，在与高手过招时必须预设对方也是高手，而看轻对手是非常危险的。也就是说，如果己方想对敌方发动偷袭，那么己方就也要预料到敌方会为可能到来的偷袭安排好防御措施。也要进一步预料到，对敌方的偷袭恐怕无法起到出奇制胜的效果，双方只能硬碰硬。这就使得情况三被转换成了情况二，而情况一中双方合作进行会谈的方案就胜出了。

但需要注意的是，在军事斗争中与敌方进行有限的合作并不意味着放弃斗争，更不意味着投降。在上述案例中，孙权与曹操的合作仅仅局限在"濡须口攻防战"这个有限的范围内，而在更大的范围内，他们显然是彼此竞争的关系。而且，我们也不排除在更大的范围内，他们会在一些更关键的问题上互相欺瞒。这种在小范围内协作却在大范围内竞争的态势，在国与国的斗争中屡见不鲜。美国电影《间谍之桥》就为之提供了一个有趣的范例。

这部电影讲的是这样一则基于真实历史事件改编的故事。冷战期间，纽约律师詹姆斯·多诺万为在美国境内被捕的苏联间谍阿贝尔进行辩护。当时美国的反苏意识形态浓郁，很多人斥责为苏联人辩护的多诺万是"美国的叛徒"，连多诺万的妻子都劝说丈夫在辩护时敷衍了事。但多诺万对此并不认可，他参加过纽伦堡审判，认识到即使是像戈林元帅那样的战争罪犯也应当在法庭上享有完整的权利，更何况他现在的委托人只是普通的苏联特工。所以，在法庭辩论中，他使出浑身解数，为委托人辩护。他发现了检方的一个漏洞：在中情局特工到阿贝尔家中搜查之前，他们忘记了向阿贝尔宣读他所享有的法律权利，因此，按照美国法律，中情局在之后的搜查中得到的证据都是无效的。不料法官无视了程序上的漏洞，坚持判处阿贝尔死刑，多诺万发现与法官说理无效，便另辟蹊径，希望用基于国家利益的"大局观"说服他刀下留人。多诺万的辩论策略是这样的。

第一，如果判处阿贝尔死刑，一些民粹分子的廉价爱国情绪的确能够得到满足，法官在舆论场上也能得到一片廉价的赞扬。

第二，需要指出的是，苏联方面也会注意到这次审判，并因为其优秀特工的牺牲而仇视美国。

第三，从长远看，这种仇视必然会对美国的国家利益造成危害，因为以后若有美国特工在苏联被捕，他们也会因为苏联方面的"同态复仇"心理被处死。

第四，无论是我，还是法官大人您，都无法保证未来不会有美国特工被苏联政府逮捕。

第五，所以，我们有必要消除苏联政府对美国可能的仇视，并借此保护未来可能被捕的美国特工的生命。保护他们的生命，就是保护国家利益。

第六，法官大人，留阿贝尔一条生路是您公忠体国的表现。

很显然，多诺万在这里给出的就是一个基于囚徒困境模型的思维矩阵，但他的结论恰恰是，选择向敌方表露善意，是为了在更长远的竞争中增加己方的优势。如他在法庭辩论中的总结陈词所言，尊重阿贝尔的生命的最终意义，是为了向对方展现"我们究竟是怎样的人"。法官听了多诺万的劝说后，终于下定决心，将阿贝尔的死刑判决改为无期徒刑。转眼到了1960年，这一年，携带了大量秘密情报的美国间谍飞行员加里·鲍尔斯入侵苏联领空执行侦查任务，结果他驾驶的美军 U-2 侦察机被击落，他本人也被俘。苏联当局本可判处其死刑，但回想起美国当初也没有判处己方特工阿贝尔死刑，于是仅仅将鲍尔斯关押了起来。这样一来，美、苏双方各自握有对方的一名人质。双方商定在联结东、西柏林的一座桥上完成人质交换，而此时，多诺万又被美国政府选中作为人质交换的联络人。虽然这场人质交换活动的过程充满了意外与艰辛，但结果还算圆满：鲍尔斯安全地回到了美国，而阿贝尔也安全地回到了苏联。以此次人质交换为范例，美、苏之后又多次进行了间谍交换，由此增强了彼此间的信任，降低了发生世界大战的风险。

不过，为何美、苏双方在各自握有一名人质的情况下，会选择交换人质而不是放弃各自的人质呢？从表面上看，无论是美国还是苏联，都只是用其已有的一人换来了敌人拥有的另一人而已，这种交换并没有实质性地扩大己方的优势，而组织这次交换还要付出不少的心力，既然如此，为何要如此大费周章呢？

这是因为，情报人员的价值是不能通过人数计算的。鲍尔斯是全美唯一知道苏联新型萨姆-2型防空导弹威力的人，他如果回到美国，就能帮助美军找到躲避这种新型武器的办法。若阿贝尔回到苏联，他便能将中情局审讯苏联特工的全部程序上报给克格勃组织，使后者设计出对付中情局审讯的方法。由此可见，如果间谍交换能成功，美、苏情报部门都能获得他们想要的情报。反之，如果交换不成功，则双方情报部门都无法得到他们想要的情报，而他们本来也无法通过关押对方的情报人员获取更多情报（无论是鲍尔斯还是阿贝尔，在被捕后都没有泄露任何国家机密）。所以，进行能够为双方带来收益的人质交换，要比不交换人质在理性上更占优势。

然而，对于敌对的双方而言，一方受益不正意味着对方利益的损失吗？站在苏联的立场上看，如果鲍尔斯成功返美，那么美军不就有可能找到应对萨姆-2导弹的办法了吗？谁能保证将阿贝尔换回苏联的收益能够弥补己方防空系统失效所带来的损失呢？站在美国的立场上，如果让阿贝尔回到苏联，中情局要为此更换现有的审讯程序，那么由此导致的人力物力的消耗一定能够与换回鲍尔斯后得以应对苏联新型防空系统的益处吗？

这种思考方式遗漏了一个因素，即一次成功的间谍交换对己方情报人员的士气的提振作用。具体而言，双方的情报人员都能从这次交换中看到己方政府对情报人员的关怀，并因此解除后顾之忧，从而更加卖力地为自己的国家工作。而且，可想而知，如果一个被捕的己方情报人员能够预见自己最终会被祖国救回，他也就会在敌人审讯时有更大的精神动力恪守本国的机密（否则他回国以后怎么向上级交代呢）。

不过，如果己方士气提高的同时敌方士气也相应提高，那么，己方相对于敌方不是仍不占优势吗？

这就涉及更复杂的博弈思维了。一个成熟的社会组织要立足于世界，就不可能仅仅考虑一个敌人，比如曹操就不能只考虑与孙权对敌，他还得防备刘备，而美国的情报组织也不能只考虑对抗苏联的克格勃，有证据表明，美国的情报组织也会监控自己的盟友。无论是曹操还是美国中情局，现在都只有两个选择：（1）选择与自己的主要敌人双输，这样，己方也会因此损耗实力而无法应对其他潜在敌人；（2）选择与敌人双赢，这样，己方的组织系统就会保留足够的力量应对其他潜在敌人。

任何理性的决策者都会选择与敌人双赢，只有这样才能保证其长期效益。

历史总会残酷地惩罚那些缺乏长远的理性博弈眼光的人，特别是那些缺乏交易信用的玩家。所以，朝三暮四的吕布也好，父子相残的安禄山、史思明集团也罢，他们都只能称雄一时，而无法称霸一世。一言以蔽之,无法走出囚徒困境的人,迟早会成为人生的囚徒。

　　也许有人会说,和敌人双赢的前提是双方势均力敌,假若我方能够碾压对手,追求双赢就没有意义了。的确,在双方实力差距很悬殊的情况下,实力强的一方直接消灭敌人即可,但这里的认识论问题是,怎么才能知道己方的实力足以碾压对手呢?袁绍在官渡大战之前认为他的实力足以碾压曹操,而曹操在赤壁之战之前认为他的实力足以碾压孙权,孙权在合肥之战之前又觉得他的实力足以碾压张辽。结果如何,我们已经都知道了。即便己方实力强劲,若要主张自己的实力碾压对手,也仍需要提供坚实的证据,而在瞬息万变的军事博弈中,任何纸上的推演都缺乏盖棺论定的说服力。在这种情况下,先预设己方无法胜利的可能性,然后寻求双赢之道,不正是理性的决策者应当做的吗?

第五夜　不说谎难，那只说谎呢？

真理与谎言

在关于敌我博弈的讨论中，我曾提到一个问题：如果一个人认为他的实力可以碾压对手，那么，他这么主张的根据是什么。博弈双方都经常制造假情报，让对方对敌我实力做出错误的评估。一种制造信息迷雾的方法是"扮猪吃虎"，也就是有意示弱，诱骗对手上当。使用这一方法的最典型案例是"减灶添兵"。战国时期，孙膑在与庞涓作战时，一边撤退一边减少锅灶的数量，造成己方兵力不断减少的假象，诱骗庞涓的部队进入埋伏圈，实际上，孙膑在后方埋伏的兵力一直在不断增加。另一种制造信息迷雾的方式是"空城计"，即制造己方兵力雄厚的假象，从而让对手错配资源。在现代战争中，运用这一方法最成功的案例是1944年的诺曼底登陆。盟军为了诱骗德军，令其相信自己的登陆地点在法国的加莱海岸，在加莱海岸对面的英国伪造了一个巨型军事基地，里面都是充气的假坦克与假飞机。德军信以为真，在加莱海岸布置了精锐的装甲部队，盟军在诺曼底登陆后，德军再行增援已经于事无补。

欺骗是博弈斗争中经常出现的现象。由此，我们可以进行一种疯狂的哲学思考：整个世界所呈现的所有表象——如我有一双手，我住在地球上，我是一个人（而不是一条蚯蚓）——都是某个邪恶的精灵为了欺骗我们而制造出来的幻觉。

提出这一疯狂思想实验的人是笛卡尔，而该思想实验的"现代化改进方案"则来自美国哲学家普特南。普特南设想，我们的身体或许是不存在的，唯一存在的是一个被放到营养钵中的大脑，而大脑的不同部位不断受到电流刺激，产生了各种幻觉：我在玩过山车，我在吃冰激凌，我在与我的男友或者女友约会，等等。熟悉科幻电影的朋友或许马上会联想起经典科幻电影《黑客帝国》。是的，这部电影就是影视化的普特南思想实验：电影中，人类的感官都由一个叫"母体"的巨型计算机系统控制，该系统以特定的电流刺激人类个体的大脑，从而制造了一个花花绿绿的虚假感官世界，而发现这一点的人类精英（如尼奥、墨菲斯、崔妮蒂）则联合起来，与"母体"展开了殊死搏斗。

但说实话，我对人类与机器搏斗的好莱坞式科幻故事抱有疑问。孙权与曹操博弈是因为两人都想一统天下，盟军与德军博弈是因为前者想解放法国，而后者试图继续奴役法国。人与人博弈是因为双方试图抢夺相同的资源（包括人力资源），而机器与人类博弈的意义是什么呢？如果机器人的力量足够强大，他们就应该将人类全部消灭，然后自己统治地球，他们为何不那么做，却要费心为人类制造系统的感官假象，并由此让人类感到某种肤浅的幸福呢？这种投入的产出预期又是什么呢？

如果这些复杂的假象制造机制背后有另外一群人，上述问题就容易解释了：只要这些意识操控者也是人类，他们就肯定与被操控者一样对各种基本的生存资源感兴趣，并试图通过奴役被操控者将自己的利益最大化。体现这种"人通过机器欺骗人"套路的著名电影，便是《楚门的世界》。

这部电影说的是这么一则故事。一家电视制作公司在多年前收养了一名婴儿，并为他量身打造了纪实性肥皂剧《楚门的世界》，此剧风靡全球，公司获得了巨大的利润，只有楚门不知道，自己迄今为止的人生都是电视公司精心制作的假象。随着时间的推移，楚门慢慢发现他所面对的世界多少有点不对劲，也最终发现了他三十多年来一直被电视公司愚弄的真相。在电影的末尾，楚门成功地走出了"楚门的世界"。

与《黑客帝国》不同，在《楚门的世界》中，博弈双方都有真实的博弈动机：作为博弈的一方，电视制作公司试图向楚门掩盖真相，因为只有这样他们才能继续赢利；而作为博弈的另外一方，楚门本人则试图发现真相，因为这样他才能解答自己的种种人生困惑，回答"我是谁，我从哪里来"这样的基本人生问题。而且，这场博弈似乎注定是"零和博弈"，很难达成"双赢"的结果：楚门一旦发现真相，就很难再配合公司将戏演下去；如果公司继续将真相遮蔽下去，那么楚门的人生困惑就永远不会得到解答。

在电影的结尾，楚门无疑在博弈中获得了胜利。这貌似是一场双方力量非常悬殊的博弈，楚门除了拥有自己的理性推理能力之外，几乎没有什么别的帮手（同情楚门境遇的群众演员施维亚算一个帮手，但是在节目组的控制下，她也帮不了什么大忙），而站在楚门对立面的电视制作公司拥有海量的财力、人力与技术，那么，为何强大的物质力量没有为电视公司换来胜利呢？楚门获得胜利的结果难道不正好与我们之前得出的结论相反吗——如果博弈双方中的一方的确在实力上碾压对方，那么与对方和谈就是没必要的，遑论担心自己会输掉。

但我认为，《楚门的世界》的结尾并没有否定之前我们得出的结论。严格地说，在前一晚我想表达的意思如下：博弈双方中的强势一方的确不用担心自己会输，除非其所试图追求的目标系统性地违背了逻辑规律、自然科学规律与哲学规律。举个例子，如果秦始皇试图与自己生命的有限性博弈，那么即使他用全国的人力、物力换取自己的长生不老，他也注定会失败。虽然我只是一介草民，我随口说一句"我打赌秦始皇不可能活过两百年",我也注定会在这场赌局中胜利,生物学的真理是站在我这一边的,我的政治力量与经济力量再弱小也没有关系。一句话,谁与真理较劲,谁就会输得很惨(在博弈力量的计算中,我们不妨将真理的砝码重量计作"无穷大")。

那么,电视公司究竟是违背了什么真理,才在与楚门的博弈中失败了呢?在我看来,它违背了这样一个哲学真理:构造一个系统的、关于世界方方面面却不包含任何逻辑矛盾的虚假信念系统,几乎是不可能的。谎言能够欺骗一些人一时,却无法欺骗所有人一世,因为总会有人发现谎言里的矛盾。只有真相不可能包含重大的矛盾。这是因为,逻辑不仅是我们思维的规范化形式,它也是世界自身的构成方式。比如,张三之所以不能同时出现在上海与北京,是因为世界自身的构造不允许一个人同时出现在两个城市。同样的道理,张三要么是活着,要么是死了;要么是诞生于1978年之前,要么是诞生于1978年之后;要么持有某国的绿卡,要么不持有该国的绿卡。虽然在认识上,我们可能暂时无法确定张三的具体状态(他看上去是死了,但或许还活着),但我们必须假定世界上存在确定的答案。当然,如果涉及量子力学,情况会有所不同,但就宏观世界而言,我们不必怀疑其运转会在任何一个方面违背传统逻辑。

"逻辑规律"貌似是一个高深的词,但在世界的构造中,它们却能像水银泻地一样,渗入世界的不同部件。从逻辑上看,张三不可能同时活着又死了,不可能同时出现在上海与北京,也不可能同时穿着很多衣服又一丝不挂，而他衣服上的某个位置不可能同时是绿色的又是红色的。如果你要构造一幅分辨率很高，内容却完全虚假的世界图景，你就必须在每一个细节上都保证谎言在逻辑上可以自洽，但这样做的难度是很大的。想一想电影里的那些"穿帮镜头"吧，即使是那些花了大价钱拍摄的片子，也可能出现"百密一疏"的情况。

与之相较，如果你选择不撒谎，做一个老实人，那么，唯一能够妨碍你说出关于你所经历的历史真理的，便是你自己的记忆力。但只要一个人的记忆力正常，他就一般不会记错那些至关重要的事情。比如，一位参加过二战的美军坦克兵或许会忘记他摧毁的第一辆德军坦克是虎王式坦克还是黑豹式坦克（二者在望远镜里看上去的确差不多），但是他肯定记得自己开的坦克究竟是 M-4 谢尔曼型还是 M-26 潘兴型。世界本身并没有逻辑矛盾，只要你将自己经历的一切以最大的诚意讲出来，你的陈述就不会含有太强烈的逻辑矛盾。

从上面的分析看，如果让一个老实人与一个说谎的人进行"陈述的自洽性竞赛"，那么前者很可能会赢，因为前者具有后者所不具备的优势：其有现实世界作为陈述的根据，而后者没有这一根据，即使后者具备财力与人力方面的优势，也无法弥补上述劣势。

以上面的分析为基础，我们再来看《楚门的世界》的剧情。楚门是怎么发现他所在的小镇有点儿不对劲的呢？这是因为他发现了如下反常之处。

（1）楚门明明记得自己的"父亲"已经去世了，但某天，他在马路上遇见了父亲，而他当然知道，死去的人是不能复生的。

（2）楚门发现这个小镇上的"居民"总是同一批人，但是他在报纸上读到，很多美国人会到别的地方旅游，于是问题就来了：别的美国人呢，他们为何不来我的家乡？

（3）楚门发现，他很难离开这座小镇去看外面的世界，但他知道小镇之外的世界是存在的，而且他也知道任何一个美国人只要攒够了钱就可以去日本、澳大利亚、欧洲各国旅游，为何他就不能出去看看呢？

（4）一次，楚门在马路上险些被一个从天而降的探照灯砸中，但摄影棚里才有的探照灯怎么会突然从天上掉下来呢？

（5）楚门发现妻子也很不对劲，在和自己说话的时候，她突然转向房间的某个方向开始播广告，难道房间里有其他人吗？

节目的导演组并不是没有发现楚门产生了疑虑，但他们试图通过巧合来掩饰楚门发现的反常现象（比如，当楚门发现自己的"父亲"死而复生的时候，告诉他那是一个与他的"父亲"非常类似的人）。但更多的谎言会引起更多的问题，比如，为何不让楚门亲自见见那个与自己的"父亲"长得很像的人，并与他谈一谈呢？对楚门来说，所有这些反常情况的最简单的解释就是，这一切都是有人故意编织的谎言，为了使他相信这一切都是真实的。

如果节目组能掌握更多的资源，楚门是不是就不会发现破绽了？不是的。有这么一句话：比海洋更宽阔的是宇宙，而比宇宙更宽广的是心灵。换言之，节目组永远无法预言楚门哪天会冒出什么新念头：是想去撒哈拉沙漠的边缘看一看，还是要去巴厘岛潜水。在真实的世界里，实现这个愿望是非常简单的——你只需要攒够旅费，买一张机票。心灵对于外部世界的意图指向的改变几乎是零成本的，而虚假的外部世界的构造者对这些意图的被指向物的模拟会耗费巨大的资源（请想一想"想火星"与"构造火星"的差别）。二者之间的难度天差地别，那些试图一直欺骗下去的人会陷入极端不利的境地：不管他们手头有多少资源，从长远来看，他们终归会破产，而他们破产的时刻，便是破绽无法掩盖的时刻。

既然试图一直欺骗他人的人总会失败，为何还会有人被骗呢？这是因为"构造整个世界的虚假表象"与"构造部分世界的虚假表象"存在区别。比较成功的骗局基本属于后一种，也就是说，如果是在真实的背景里掺杂部分虚假信息，那么对方就相对比较容易中计。举个例子，盟军之所以能诱使德军相信其登陆的地点是在加莱而不是诺曼底，是因为他们没有在下列问题上向德军撒谎：第一，盟军的确即将在法国登陆；第二，盟军确实为这次登陆集结了大量兵力。盟军的情报部门不必费心隐藏战略意图，只用隐藏战术意图，这就使得盟军制造信息迷雾的成本大大降低了。

当然，"撒一些小谎"与"在任何事情上都撒谎"有巨大的差别，但一般而言，只要谎言在整个信念体系中占比上升，维护整个信念系统自洽性的难度就也会随之上升。《乔乔的异想世界》就反映了这一问题。在这部电影里，德国小朋友乔乔从小就受纳粹意识形态的影响，相信犹太人是劣等民族，而当他真正与母亲藏在阁楼里的犹太少女接触后，他原先的认知开始崩塌。请注意，与《楚门的世界》中的那种全局性的谎言相比，纳粹关于种族问题的谎言是局域性的（比如，纳粹不会费心建造美国的模拟物），但是与盟军情报部门散布的信息迷雾相比，纳粹的意识形态谎言要全面系统得多：这套谎言系统性地否定了人类公认的一些价值观（比如反对种族主义、维护个体的基本尊严等等），因此带有某种全局性的外观。也正因为这一系统具有部分全局性，其很难在新事实的攻击下幸存：如果犹太人真是劣等民族，为何藏在自家阁楼里的犹太女孩那么聪明可爱；如果日耳曼民族真那么优秀，为何战争的火线每天都在逼近柏林？很明显，与真实世界进行真实而广泛的接触，乃是破除谎言的利器。

未来

第六夜　元宇宙中的钱，是真钱吗？

元宇宙中的本体论

从今夜开始，我们将更多地讨论那些相对典型的科幻电影里的哲学问题，我想讨论的第一部电影是美国科幻片《头号玩家》。

这部电影的剧情与"元宇宙"相关性很强。电影中的故事发生在2045年，按照剧情的设定，那时候地球上大多数人的经济状况是非常糟糕的。不少人为了逃避现实世界将大量的时间花费在了一个叫"绿洲"的虚拟网络竞技游戏上，而游戏公司承诺，胜出者将得到该游戏的所有权，并继承游戏创始人5 000亿美元的遗产。在重赏的刺激下，17岁的玩家韦德·沃兹与三位至交艾奇、大东和修一起行动，试图通关并获得奖金。

从表面上看，这部电影的架构非常像施瓦辛格主演的《过关斩将》。在这部电影中，被诬陷的警察本为了获得自由，不得不参加一个名为"过关斩将"的电视游戏，根据游戏设计者的规定，游戏参与者必须在真实的环境中躲避各路杀手的追杀并存活。两部电影的套路似乎十分相似：主人公为了解决现实世界中的问题，去参加一项难度极高的游戏。

不过，从哲学角度看，两部电影中的游戏并不属于同一类。《过关斩将》中的游戏是发生在真实的物理世界中的，换言之，如果主人公没有逃过杀手的追杀，他就真的会死；在《头号玩家》里，主人公在虚拟世界所受的任何损害，都不会造成他在物理世界中的对等损害。换言之，在《头号玩家》中，"绿洲"给玩家提供的世界，是一个与真实物理世界相平行的"元宇宙"世界（在此补充一下，"绿洲"的英文缩写是"O. A. S. I. S."，即"Ontologically Anthropocentric Sensory Immersive Simulation"，意为"本体论层面上的人类中心主义的沉浸式感官模拟体系"）。

到底什么是"元宇宙"呢？概而言之，"元宇宙"技术在本质上是已经出现的"虚拟现实"技术以及"第二人生"技术的结合。"虚拟现实"技术指通过人体可穿戴设备实现的一种对于虚拟对象的更全面、更具沉浸式的身体体验，比如，在由此类技术所支持的数字图书馆中，用户可以像抚摸实体书那样翻阅古代善本的三维数码模型。至于"第二人生"技术的母型，则是由林登实验室开发的一个叫"第二人生"的游戏。在这款游戏中，玩家可以通过线上角色进入一个庞大的虚拟社会，并在这个社会中过上与真实生活不同的"第二人生"。很显然，如果将"第二人生"技术与"虚拟现实"技术结合，这种结合将大大提高"第二人生"的拟真度，并由此吸引更多的线上用户参与其中。《头号玩家》中的"绿洲"游戏便是这样一个标准的"元宇宙游戏"：就其对虚拟社会的支持而言，"绿洲"的确继承了"第二人生"的衣钵，而就其带给用户的"沉浸式体验"水平而言，它又明显超过了"第二人生"。

与"元宇宙"相关的哲学讨论往往聚焦于本体论问题（在哲学术语中，"本体论"一般是指对"何物存在"这一问题的研究），即元宇宙呈现出的对象（如"绿洲"游戏呈现出的汽车、高架路、黑猩猩等）是与真实物理对象一样真实的另外一类对象吗？一部分比较激进的哲学家（如查尔莫斯）认为，"元宇宙"中的对象就是真实存在的，就像土星是真实存在的一样。笔者以及其他在本体论立场上比较保守的哲学工作者则倾向于认为，"元宇宙"是依附于物理世界存在的，换言之，若没有在物理世界中真实存在的网络设备与人类自身的神经系统，"元宇宙"中的所有亭台楼阁都会立即灰飞烟灭，与其说"元宇宙"的本体论地位类似于土星，不如说它类似于海市蜃楼。

有一个很有趣的与"元宇宙"相关的哲学问题是，"元宇宙"能否复制现代人类社会的重要面相——特别是各种复杂的法权关系？从表面上看，这种复制似乎是可行的。具体而言，至少在现有的"第二人生"技术平台上，用户可以用"林登币"（一种可与美元兑换的电子虚拟货币）购买虚拟房产并进行虚拟设备交易。在《头号玩家》中，类似的虚拟货币也随处可见。比如，按照游戏的设定，任何一个游戏角色死亡时，身上都会爆出漫天飞舞的金币，而其他玩家必须赶在这些金币在空中自行湮灭之前将其尽量搜集起来，由此增强自己的财力。从某种意义上说，真实货币本身也是虚拟的——1美元的价值并不取决于货币的物理存在，而取决于社会赋予这种物理存在的抽象交换价值。那么，为何虚拟世界中的虚拟货币不可以成为某种现实货币的等价物呢？为何此"虚拟"就是真实的，而彼"虚拟"就不真实了呢？

这是因为，货币的真实性并不取决于其交换价值的虚拟性（因为所有的货币都带有一定的虚拟性），而是取决于其能够交换的物理对象的种类的广泛性。以美元为例。为何美元是世界货币，那是因为如果在国际市场上购买诸如石油、天然气、粮食等大宗商品，美元是最合适的交易工具，也正因为如此，人们才将美元称为"美金"，以表示其交易价值之高。从这个角度看，即使就自身必然具有虚拟性的货币而言，其真正价值也依附于其与物理世界之间的交换效率：效率越高，价值就越大。因此，任何货币都不能脱离真实的人类需求与人类所生存的物理世界存在。

在这一分析框架中，我们可以思考以下两个问题："元宇宙"的虚拟货币能够帮助玩家建立怎样的法权关系呢，这些法权关系所涉及的物权与法定货币所涉及的物权是否具有类似的覆盖度呢？

在我看来，问题的答案应当是否定的。在"元宇宙"中，虚拟货币所支持的市场交易在以下两个方面受到了巨大的限制，并使得其应用范围明显小于法定货币。

其一，该技术限制了市场主体进行与其生物学需求密切相关的市场交易的自由，特别是与食品、水源及住宅相关的交易。这就是说，尽管"元宇宙"技术能够帮助《头号玩家》的主人公韦德·沃兹去想象一种食品，但是这种想象毕竟无法取代对于这种食品的真正摄取（同理，"元宇宙"中的虚拟飞行器虽能帮助用户在"元宇宙"空间中位移，却无法将用户真正的身体从北京移至上海）。市场主体的抽象性毕竟依附在人体生物功能的正常运作上，所以，"元宇宙"技术的这种局限就具有了某种不可忽视的本体论意义——"元宇宙"本身在本体论意义上缺乏实在性。

其二，"元宇宙"中的虚拟产品也带有某种虚拟的产权标记，但是整个虚拟世界的构建算法是被技术开发商所控制的。这就使得用户的主体性受到了某种根本的限制。举例来说，在现实世界中，一个购买了某品牌摩托车的人在理论上拥有对于该产品的近乎完整的处置权——他能决定将这辆摩托车租赁还是转卖，或者决定在这辆车需要修理时是亲自修还是雇用别人来修。在这里，限制他活动的仅仅是物理规律与既有的法律法规（他既不能违背物理规律将摩托车改装得在密度上比水还小，也不能违背交通法规私自改装发动机与排气管），但在"元宇宙"中，任何对虚拟设备的改装都必须在"元宇宙"的基础算法所能支持的逻辑空间内发生。因此，当一个"元宇宙"用户自以为他在基于其自由意志进行虚拟装备改装活动时，他实际上只是在做"元宇宙"的技术开发商允许他做的事情。比如，即使《头号玩家》中"绿洲"游戏的框架设定者给予用户极大的自由，规定任何玩家都可以选择自己喜欢的虚拟外观，或规定"元宇宙"的汽车能够从突然断裂的高架桥的一端飞到另一端（现实中几乎没人可以做到这些），这种自由也是虚假的，因为这在本质上是一种经由游戏开发者的武断决定而被施舍给用户的自由（换言之，游戏开发者可以任意决定将此自由的范围缩小或者扩大，而不需要向玩家提供任何理由）。用户无法就此类规定的合理性与技术开发商"讨价还价"，而只能成为被动的产品接收方。与之相比，在现实的物理世界中，主体能够与物理世界及立法体系"讨价还价"。具体而言，与物理世界"讨价还价"的方式便是通过自然科学与工程学的研究使得自然界的一部分被改造为符合人类意志需求的样子，而与立法体系"讨价还价"的方式则是参与现实中的政治活动。鉴于成熟社会的科学活动与政治活动都建立在说理活动的基础上，现实世界中的类似活动可以因其豁免于武断性而真正展现出人类的主体性。

需要注意的是，现实的主体性，就是真正的法权关系以及与之相关的货币制度得以生存的根基。关于这个问题，哲学家黑格尔是这么说的：

> 只有当如下条件被满足时，人格性才会发生：主体不仅具有那种作为在某个方面被规定的具体的意识，而且具有一种对于其自身的彻底抽象的"我"的意识——在这种意识中，所有的具体的限制与有效性，都被否定、被变得无效了。

说得通俗一点，在一个法权主体进行市场交易的时候，虽然被交易的物品与交易的细节充满了各种偶然的经验内容，但是该主体仍能在这种交易中获得一种对于人格性的普遍性意识：只要他愿意，他就可以和任何人、在任何时候，就自己的所有物进行自由地交易（只要这种交易在法律与自然规律所允许的范围内）。而且，该主体也会将市场中的其他主体视为同类主体。换言之，任何一次具体的市场交易，都会以交易主体彼此承认对方的抽象人格性为前提，否则，对于具体交易主体的经验面相（如性别、民族、教育水准等等）的关注会使得市场交换的效率大大降低。从黑格尔哲学的角度看，市场经济的发达程度与市场主体所具有的人格性的普遍性程度相辅相成。

"元宇宙"中的交易关系则在限制这种普遍的人格性的实现，因为"元宇宙"中的交易关系并不真正涉及人类在现实中所需的物质产品，比如食物、汽油、住宅等。沉迷"元宇宙"还会导致玩家脱离现实生活，忘记现实世界的责任，由此削弱人格的普遍性。2010年，韩国发生了一起"网络游戏沉溺者饿死亲生女"事件，当时41岁的父亲金荣柱和25岁的母亲崔美善长期沉迷于网络游戏，每天待在网吧长达12小时，他们还在游戏里养了一个虚拟女儿。因为他们在虚拟世界中花费了太长的时间，他们最终忘记了真实世界中为人父母的责任，竟就这样把家里3个月大的亲生女儿饿死了。

　　这一案件可以按照黑格尔法权观得到更哲学化的解释。根据一种对于黑格尔法哲学的解读意见，黑格尔对于私有财产制度的赞扬包含了一个孟子式的观点，即"有恒产者有恒心"，也就是说，对于私有物的占有能够督促法权主体保持对于被占有物的责任心（譬如，大多数人会更认真地保养自己的私家车，而不会那么认真地保护公有财产）。不过，在这一预设成立的前提下，私有财产制对于责任心的支持机制也只在没有强大干扰物出现的情况下才会发挥显著作用，譬如，一个地主对于他所占有土地的收益的兴趣只有在没有其他更有趣的事物分散他的注意力的情况下才会是持久的（我们完全可以想象一个地主因为沉溺于赌博而失去经营土地的兴趣）。同样的道理也适用于养育子女（顺便说一句，在前现代的父权制社会中，子女是父亲的天然私有对象）：父亲一方养育子女的天然兴趣只有在没有其他更有趣的事物分散他的注意力的情况下才是持久的。在"元宇宙"技术环境中，虚拟婴儿就可能成为这种"注意力分散机制"的抓手，因为在虚拟婴儿足够逼真的情况下，用户在与虚拟婴儿互动的过程中获得的满足感足以使得他们不再关注现实世界中的婴儿。以上分析几乎可以被推广到所有基于"元宇宙"技术开发的"第二人生"类的产品上，就这种产品的运作原理而言，它的确会实质性地减少用户扮演真实社会角色所需要的注意力资源。

那么，难道"元宇宙"中的虚拟货币与法定货币没有任何联系吗？难道我们不能用法定货币去购买特定"元宇宙"游戏中的虚拟货币吗？另外，被炒作得火热的比特币难道不正是一种与"元宇宙"技术相关的新兴货币吗？难道不是已经有个别国家（如萨尔瓦多）将比特币认定为法定货币了吗？

对于上述问题，我的思考如下。

第一，在大多数情况下，用法定货币购买游戏虚拟币（如林登币）是比较容易的，反之，用游戏虚拟币兑换法定货币要麻烦得多，而这恰恰是因为虚拟货币的交换价值远远不及法定货币。这足以说明，虚拟货币仅仅是法定货币的某种衍生物，正如超市的购物券是法定货币的衍生物一样。

第二，典型法定货币的权威性需要由某种在现实物理世界中确然存在的物质的稀缺性担保。比如，当美元以黄金为锚时，黄金的稀缺性是美元的担保；当美元以国力为锚时，美国的世界影响力的稀缺性便成了美元的担保。比特币的稀缺性本身就是虚拟的。严格来说，比特币是通过在电脑上演算特定的数学题而产生的（这个过程一般叫"挖矿"），基于纯粹的数学上的理由，比特币协议的数量上限为2 100万个，这貌似保证了比特币资源的稀缺性，但需要指出的是，人们也可以建立一个与比特币平行的虚拟货币系统（如 LTC 币、PPC 币、TRC 币等），而且，在其他虚拟货币系统中，聪明的算法专家也会利用相关数学技巧保证该虚拟货币的稀缺性。因此，从理论上讲，比特币并不具有真正的不可替代性，其从根本上说依然是"无锚"的。与之相比，作为传统的货币锚地，黄金的价值在地球上仍是无可替代的，因为我们目前找不到任何同时具有如下特征的其他金属：相对稀有、分布广泛、容易切割与储藏。以国力为锚的货币在权威根源上的稀缺性就更不言自明了。

第三，萨尔瓦多将比特币视为法定货币的案例恐怕很难被推广。在萨尔瓦多，与传统法定货币捆绑的金融服务体系（如信用卡系统）极为落后，在这种情况下，该国对于比特币的接受和应用能使其规避本应为构造传统金融服务体系而付出的成本，并加快该国的线上支付系统建设速度以及国内的经济循环速度。在任何一个有成熟的金融服务体系的国家，这样的应用都无法带来显著效益，因此也无法抵消比特币自身币值的高波动性所带来的风险。另外，在世界经济的版图中，萨尔瓦多的经济总量也是很小的，因此，其货币行为在实质上缺乏足够的引领价值。

由此看来，不论是基于虚拟现实的"元宇宙"，还是作为典型虚拟货币的比特币，它们都很难在现有的物理世界之外构成一个与之平行的世界。更确切地说，它们只是以各种各样的方式构成了现实世界的附庸。电影《头号玩家》的基本设定也是如此：游戏"绿洲"的操控者鼓励玩家投入游戏的奖金最后依然是以美元结算。从这个角度看，在虚拟世界中存在的财产关系也不可能全面动摇现实世界中财产关系的基础性地位。

第七夜　人与 AI，是敌是友？

人机对立？

　　人工智能（Artificial Intelligence，以下简称"AI"）是一个具有高度技术集成性的学术领域，但其商业运用的范围非常广泛。由于二者之间的信息不对称，AI 在专业领域内的"内部形象"与其在公众（包括政界与商界精英人士）心目中的"外部形象"之间往往有巨大的落差。严格地说，"Artificial Intelligence"这个词是在1956年才成为专有名词的，而最早提出这个英文词组的是 AI 领域的元老级人物麦卡锡，而这个词组本身，则是在同年举办的美国达特茅斯会议上被学术界普遍认可的。与之相比，与 AI 相关的形象竟然早在1956年之前就已经进入了公众的视野。譬如，世界上的第一部科幻小说《弗兰肯斯坦》（1818年出版）就设想了用电路将不同的尸体残肢拼凑成人工智慧体的可能性；在1920年上演的科幻舞台剧《罗梭的万能工人》中，"人造人"的理念再一次被赋予形象的外观；在1927年上映的德国名片《大都会》中，一个以女主人公玛丽亚的外形出现的机器人，竟然扮演起了工人运动领袖的角色；科幻作家阿西莫夫的名篇《我，机器人》也早在1950年就已经面市（其中有些篇章甚至是1940年代写就的），早于给"AI"正名的达特茅斯会议。

为何一种技术样态面向公众的诠释方案反而比该技术样态本身更早出现呢？这其实是由 AI 自身的特殊性所导致的。AI 的技术内核虽然艰深，但"模拟人类智慧"这一理念本身并不晦涩。因此，该理念就容易被一些敏锐的思想先驱者转化为艺术形象，由此形成相对于技术样态本身的"抢跑"态势。此外，专业的 AI 科学家之所以对 AI 产生兴趣，在相当程度上也是因为受到了大众文化对于 AI 想象的影响。然而，需要注意的是，此类想象所带来的惯性在 AI 真正诞生之后继续引导了大众对于 AI 的认识，并在相当程度上偏离了 AI 业界发展的实际情况。这就导致直到今天，不少人对 AI 的认识仍是建立在关于 AI 的科幻艺术作品上，而此类科幻艺术作品对 AI 技术实质有意或无意的误读，又进一步扩大了专业的 AI 研究圈与外部公众之间的信息不对称。

笔者将主流科幻影视作品对 AI 技术实质的误解分为以下三类。

误解一：AI 的典型出场样态是人形机器人。在电影《人工智能》中，主人公小戴维就是一个标准的人形机器人，其外貌与一般的美国小朋友没有任何两样。在电视剧《西部世界》中，整村整镇的机器人都被做成了美国西部牛仔的样子。日本电影《我的机器人女友》亦是按照类似的思路将机器人设计成了一个女人的模样。

从影视创作的角度看，将 AI 设计成人形机器人有三点好处：（1）演员可以直接扮成机器人，省去制作真机器人的道具成本；（2）人形机器人的表情与动作更容易引发观众的共情；（3）人形机器人更容易与真人产生戏剧冲突，由此推进剧情发展。

然而，从 AI 的技术实质上看，这种表现方式多少有些误导性。相关误解是建立在如下三个错误的预设之上的。

错误的预设1：AI 与机器人是一回事。

事实上，AI 与机器人属于两个不同的学科领域，遑论人形机器人研究。严格来说，AI 的研究任务是编制特定的计算机程序，使其能够模拟人类智能的某些功能，譬如玩某些棋类游戏。显然，赋予这样的智能程序以一般的商用计算机物理外观就可以了，其并不需要具有人形机器人的外观。与之相比，机器人的建造是"机器人学"的任务，而机器人学所涉及的主要学科是机械工程学、电机工程学、机械电子学、电子学、控制工程学、计算机工程学、软件工程学、资讯工程学、数学及生物工程学，AI 在它们之中并不扮演核心角色。当然，AI 与机器人技术的确常常会碰撞出更有趣的工程学应用案例，但是这并不意味着二者在概念上是一回事。

错误的预设2：机器人就应当采用人形的外观设置。

其实，即使是机器人，也往往不采用人形的外观设置。以世界上第一台全自动机器人"Unimate"为例，该机器人在美国新泽西州尤因镇的内陆费舍尔向导工厂的通用汽车装配线上承担了从装配线运输压铸件并将这些零件焊接在汽车车身上的工作。在经过特定调试后，这个机器人还能将高尔夫球打到杯子里，甚至是倒啤酒。这台机器人没有类似人类的眼睛、嘴与皮肤，它只有机械臂以及臂端的一个简易抓举设施与人类肢体类似。由此不难想见，机器人可以被做成各式各样的形状，比如鱼形与鸟形。

错误的预设3：人形机器人是智能或者灵魂的天然载体。

人类其实具有"万物有灵论"的心理投射倾向，即将很多具有动物或者人形的非生命体视为有灵魂者。孩童喜欢对着玩偶自言自语便是明证，而这种倾向在成人的心理架构中也得到了保留。在心理学文献里，这种心理倾向被称为"人格化"（personification）或者"人类化"（anthropomorphization）。已经有文献指出，这一心理倾向可以帮助那些缺乏真实社会关系的人通过对物体的"人格化"获得代偿性的虚拟社会交往方式，由此克服孤独。① 广告商会利用这一心理机制将产品的外观设计得具有人性，以获取消费者的好感。② 需要注意的是，激发人格化的心理倾向的门槛是很低的：只要对象看上去有点儿像人就可以了。这就意味着，就科幻影视的观影体验而言，只要影视主创方将片中的机器人设计得像人，这样的视觉输入就会顺利激发观众的人格化倾向，由此自主赋予这样的机器人以智慧与灵魂。但这种讨巧的做法在 AI 研究中是完全行不通的。赋予 AI 任何一种实际的操作功能，都需要编程者在后台付出巨大的努力，而以 AI 为主题的科幻影视作品往往会忽略这种努力，这自然会在相当程度上使得公众对 AI 的技术实质产生误解。

误解二：AI 可能具有人类所不具备的全局性知识，即所谓的"上帝之眼"，并由此导致对人类个体的压迫。在系列科幻电影《生化危机》中，保护伞公司的幕后操控者竟然是一个叫"红皇后"的超级 AI：她（之所以称"她"，是因为该 AI 体在片中被赋予了小女孩的外观）能够预知以主人公爱丽丝为首的

① Epley, N., Akalis, S., Waytz A., &T. J. (2008). Cacioppo : Creating Social Connection through Inferential Reproduction: Loneliness and Perceived Agency in Gadgets, Gods, and Greyhounds. *Psychological Science*, 19(2), 114–120.

② Lyashenko, E., Ruchkina, N., & Voronova, T. (2020). Personification as a Means of Psychological Influence in Russian Furniture Advertising. *Individual and Society in the Modern Geopolitical Environment*, 99, 592–597.

人类团体的行动，而且，她为了保护伞公司的利益，会毫不犹豫地杀死大批无辜的群众。无独有偶，在电影《机械公敌》中，也有一个叫"薇琪"的超级 AI。她（该超级程序同样具有女性外观）经过反复计算后，得出了一个可怕的结论——只有消灭一部分人类，才能使全体人类得到更好的发展。她甚至还将这个骇人听闻的计划称为"人类保护计划"。

从戏剧冲突的角度看，AI 在这些影视作品中具有的全局性冷酷视角，与人类个体所具有的局部性（但同时更具温情）视角形成了鲜明的对照，而这种对照本身就具有很强的戏剧张力。同时，影视主创人员对 AI 的设想也满足了一部分观众对于 AI 的想象：AI 虽然缺乏情感，但是在计算能力方面超越人类的。所以，AI 能够比人类更清楚何为"大局"，尽管这并不是人类个体所愿意接受的"大局"。

不过，上述印象是建立在对 AI 的很深的误解之上的，因为超强的计算能力并不意味着对全局知识的把控。实际上，任何一个智能体如果想要把握这样的全局知识，都需要囊括所有问题领域的超级知识图谱，而该知识图谱往往是人类智慧的结晶。举个例子，如果你要计算一枚导弹在各种复杂的空气环境中的轨道变化情况，你先要设立一个合理的空气动力学框架（该框架无疑是来自学术共同体的长期知识积累），并在该框架中设置大量的参数，至于如何计算这些参数，则是下一步才要考虑的问题。想要在开放式的问题解决场域中建立一张合适的知识图谱，即使对人类建模者来说也是充满挑战的。譬如，在解决所谓的"电车难题"①时，任何一种比较稳妥的方案都需要预设一个特定的规范伦理学立场（功利主义的、义务论的，或是德性论的），而人们就各种立场之短长并没有达成普遍一致的意见。这就是说，用以解决"电车难题"的统一观念前提并不存在，遑论在这一前提下构建统一的知识图谱。从这个角度看，作为人类的智慧转移形态，任何 AI 都无法超越人类目前的智慧上限，就所有问题的解决方案给出毫无瑕疵的知识图谱。

基于上述分析，我们不妨再来审视《机械公敌》里"薇琪"的结论——杀死一部分人类以保护人类整体的利益是合理的。她得出这一结论的推理过程是，人类的过度繁衍已经影响了地球的安全，所以，必须清除一部分人类以为更多的人留出生存空间。很显然，这个结论的知识框架是建立在某种粗暴的计算方式之上的：她将所有人都视为消费者，并且以此为分母，让其平分世界既有的资源总量，最后得出了"资源不够分"的结论。在这个知识框架中，被忽略的因素有：（1）人类不仅是消费者，也是生产者，因此，人类有针对性的劳动能够使世界的资源总量增加；（2）尽管当前世界上人口较多，但未来人口并

---

① 该思想实验的提出者是菲利帕·福特 (Philippa Foot)，相关文献见发表于 1967 年的文章《堕胎问题和教条的双重影响》（"The Problem of Abortion and the Doctrine of Double Effect"）。

不一定会继续增多，因为我们必须考虑人口老龄化所导致的人口萎缩问题；（3）人类内部有复杂的社会共同体结构分层（国家、民族、地方、家庭等等），因此，忽视所有人的乡土背景信息却仍能有效保证全人类生存机会的再分配方案并不存在。反之，如果有人硬是要将所有这些参数都放在一个超级平台上予以思考，他就必须放弃全局式的上帝视角，而不得不在彼此冲突的种种立场中进行选择（譬如，在基于不同民族国家利益的立场之间进行选择）。这样的计算方案显然会固化特定人类团体的偏私，并由此激化不同人类团体之间的既有立场冲突，这也就与主流科幻电影所展现的仅仅激化毫无社会背景的全体 AI 与全体人类之间的冲突不同了。

误解三：AI 可以轻易具备与人类顺畅进行语言与情感沟通的能力。从表面上看，这一误解与前一种误解是相互矛盾的，因为在前一种误解里，AI 应当是缺乏感情的。但需要指出的是，由于在主流科幻影视作品中 AI 已经被赋予了人格，所以，就像影视剧中的人类角色有善、恶之分一样，AI 角色也有善、恶之分，而对那些"善良"的 AI 角色来说，预设其具有与人类共情与交流的能力，已然成为主流科幻影视作品的标准模式。比较典型的案例有以下几个：在电影《人工智能》中，机器人小戴维不但能够立即学会英语，而且渴望得到来自人类母亲的爱；在动画电影《超能陆战队》中，充气机器人大白成了最值得信赖的"暖男"；在电影《她》中，男主人公竟然在与 AI 系统 OS1聊天的过程中爱上了这个聊天软件；在系列电影《星球大战》中，礼仪机器人 C-3PO 的人际交流能力甚至要远远超过人类：按照剧情设定，它能够翻译3万种星际语言，并凭借这个本领使得人类主人在复杂的星际外交活动中游刃有余。

在科幻影视作品的场景中预设 AI 具有流畅的人-机交流能力，显然对推进剧情大有裨益。不过，从客观角度看，以上影视作品所呈现的人机一家的美好图景，已经远远超出了目前主流 AI 所能提供的技术产品的水平。相关评判理由有二。

第一，机器与人类顺畅交流的能力是建立在"自然语言处理"（Natural Language Processing，以下简称"NLP"）技术上的。目前，这种技术在商业上的最重要的应用是机器翻译（Machine Translation）。建立在深度学习路径上的主流 NLP 技术现在远不及主流科幻电影所描述的那么成熟。传统的深度学习程序采用的是监督式的学习方式：这种学习方式需要程序员对所有语料进行繁复的人工标注，编程成本极高（人工标注的意义在于，令计算机了解语料处理的标准答案）。近年来，随着互联网上语料的增多，对 NLP 的研究更加聚焦于无监督学习和半监督学习的算法。不过，虽然这些算法能大幅减少人工标注的工作量，但由于失去了人类提供的标准答案的校准，此类系统最终输出结果的错误率也会随之上升。要弥补这一缺陷，除了提高输入的数据量之外别无他法。由此不难看出，若要提高主流 NLP 产品的技术水平，需要进行训练数据量的扩容。这反过来也就意味着：这种技术无法应对语料比较少的机器翻译任务，特别是一些缺乏网络数据支持的方言语料与某些个性化口头禅。然而，根据人际交往的常识，熟悉特定方言与口头禅才能迅速在对话中拉近关系。这也意味着，按照现有的技术，我们很难做出像《她》中 OS1 系统那样的可以自由地切换各种英语口音并与人类进行交谈的软件，遑论像《星球大战》中 C-3PO 那样的精通三万种语言的机器语言学家（目前的 AI 技术甚至很难处理缺乏相关网络数据的冷门语言）。

第二，情绪交流是人际交往的重要方面，而在 AI 中实现可以被算法化的情绪机制其实非常困难。此项工作需要 AI 专家先根据认知心理学提取出一个足够抽象的情绪生成理论，然后设法将其应用于计算机载体。至于哪些关于情绪的心理学要素仅仅对人有意义，哪些要素同时适用于 AI 与人类，要逐项鉴别才行。实际上，目前的主流 AI 并不能拥有情绪，它们只能鉴别人类的情绪。比如，从 1995 年开始，美国麻省理工学院就启动了一个叫"情绪计算"（affective computing）的项目[1]，其主要内容是通过搜集从摄像机、录音笔、生理指标感知器中得到的人类行为数据，判断受试者究竟处于何种情绪中。不过，计算机做出判断的算法基础依然是某种样式的深度学习机制：

---

[1]　Picard, R.(2003). Affective computing: challenges. *International Journal of Human-Computer Studies*, 59(1-2), 55-64.

就深度学习的有监督学习版本而言，人类标注员需要对每张人脸图片的实际情绪状态进行语言标注，然后以此为样本，慢慢训练系统，使其掌握将人脸与特定情绪标签相联系的一般映射规律。需要注意的是，经过训练的系统即使能够精准地对人脸进行情绪识别，其自身也不拥有情绪：一台能够识别出快乐表情的机器人没有一天会感到快乐，而且，它们也不知道人类为何会感到快乐。这样的 AI 产品很难与人类产生真正的共情，遑论在理解人类真实情感动机的前提下与人类展开深层的精神交流。

由上可知，以 AI 为主题的主流影视作品其实掩盖了这样一个真相：主流 AI 技术目前还无法支持那些影视作品所畅想的信息处理能力。当然，对未来科技进行适当幻想是科幻影视作品的天然权利，但需要注意的是，几乎所有以 AI 为主题的主流影视作品都没有向观众解释清楚，未来的 AI 专家将沿着怎样的技术路径兑现影视主创者在影片中提出的技术许诺。与之相比，以生物学为主题的科幻电影（如《侏罗纪公园》）以及以生态学为主题的科幻电影（如《后天》），对相关科学主题的探讨要深入很多，遑论像《地心引力》与《火星救援》这样基于大量真实宇航科技知识的"硬科幻"作品。

若有人问我，这些主流科幻电影所展现出来的 AI 能力理论上是否可以实现，我会说，这个问题问错了方向，因为这个发问方式依然是将机器与人对立了起来，而没有将机器视为一部分人对另外一部分人进行控制的工具。我们更应当担心的是，现有的基于大数据的 AI 技术的运用，会不会加剧人与人之间既有的不平等，由此加深人类社会自身的异化。我们要做的是对人类社会各种可能的组织架构进行反思。

第八夜　昆虫社会为什么出不了高智能个体？

集体智能

　　我们今晚的关键词是"集体智能"。我们可以用两个俗语对其进行说明：一个是"三个臭皮匠，顶个诸葛亮"，意思是说，有时候，集体能够将个体的智慧凝聚成更大的智慧；一个是"三个和尚没水吃"，意思是说，有时候，参与的人太多，反而会使事情因内耗而陷入危机。由此可见，在从个体智能到集体智能的转换过程中，转换环节是否顺畅是一个关键，如果转换不顺畅，就会造成"人多力量小"的奇怪局面。那么，个体智慧到底是通过怎样的方式被凝聚为集体智能的呢？这就是学界在"集体智能"这一名目下研究的内容。有趣的是，此类研究不仅涉及经济学、社会学，还涉及对于昆虫社会结构的研究——不少社会生物学家认为，对于昆虫社会结构的研究为理解社会智能的涌现提供了一个非常有趣的案例。譬如，蚂蚁貌似是非常简单的生物，但一旦它们按照特定的结构组合成一个复杂的昆虫社会，其集体智能就足以使每个个体承担相当复杂的功能：觅食、采集、育儿、筑巢、维护巢穴、防御、攻击等等。它们究竟是怎么做到这一点的呢？

我们可以以科幻电影为抓手，就这个话题进行相关哲学探讨。

我们先来看《星河战队》系列。电影讲了这样一则故事：23世纪，地球成立的联邦政府在银河系各处展开了殖民工作，结果意外陷入了与一群攻击性极强的凶猛外星昆虫"阿拉奇尼斯虫族"（又称"虫族"）的宇宙战争。为了抗击虫族，联邦开始四处招兵，并提供了丰厚的待遇和奖励。主人公瑞科是一位年轻的小伙子，毕业后，他不顾父母的反对，毅然参军，从此屡屡立功，并最终荣升高位。从整体角度看，这部电影的艺术价值一般，而且有借着"与虫族对抗"的噱头为美军招募新兵的嫌疑，但其中对虫族的描述十分有趣。虫族在电影中的名字是"阿拉奇尼斯虫族"，生活在克兰达夫星球。这种外形近似地球上蛛形纲生物的外星种族有数百万年的进化史，有智慧且没有私心、没有恐惧心理、繁殖能力极强，拥有完善的种群社会制度。按照分工，其可被分类为卫兵虫、驮运虫、坦克虫、间谍虫、电浆虫、脑虫、虫神等等，其中特别值得一提的是虫神。在这部电影里，虫神能派出脑虫诱惑人类战士并俘虏他们，然后通过心灵感应操控人类战士的心智，使其对虫神产生崇拜心理，受到蛊惑的人类战士会投靠虫神，后者则借机获取人类战士脑中关于地球联邦军的核心情报。

在虫族的社会结构中，虫神是整个社会的智慧源泉，其余的虫子只具有有限的智能（相比较而言，脑虫与间谍虫的智能较高），也正因为如此，按照电影的设定，虫族大军才能展现出较高的战斗力：负责战斗的虫族成员智力低下，所以不知道害怕，攻击人类的时候显得无畏无惧。

由此，我们不妨设想出这样一种类似于虫族社会的金字塔型社会结构：其最高管理者具有近乎于神的智能，而越接近底层，社会成员就越愚蠢。这样的社会结构具有强大的凝聚力，并能在最大程度上避免"三个和尚没水喝"的窘境。《星河战队》的编剧似乎也有这样的隐含意图：虫族因团结而强大，因此，地球联邦军如果不团结，就不能赢。与我们通常看到的好莱坞电影不同，这部电影的价值观是偏向集体主义、赞颂自我牺牲的，一些西方影评人认为，它有违背美国自由主义价值观、为军国主义思想张目的嫌疑。

当然，"团结就是力量"这一箴言在军事斗争中确实应用得最为普遍，各怀鬼胎的团队自然不会有战斗力。但是，模仿虫族的社会结构真的是促进团结的最典型路径吗？

需要注意的是，团结往往与分工相伴而生：个体之所以需要团结，是因为特殊个体所具有的特殊机能只有在彼此组合的情况下才能产生更大的力量，而这种彼此组合的方式就是分工。在这里，我们不妨比较一下人类与虫族的区别。有一部名叫《凤凰劫》的电影可以说明人类的分工是如何产生的。电影讲了这样一个故事。弗兰克·托恩斯驾驶一架"凤凰号"C-119货机载着一批石油工人飞跃蒙古戈壁滩，却突遇恶劣天气，不得已只好迫降。因为电台损坏，他们无法与外界联系，飞机的破损程度也不允许飞行员再次起飞。于是大家集中智慧，将这架大飞机拆解，组装出了一架小飞机，然后坐着这架简陋的小飞机逃出生天。在这个过程中，整个团队的成员虽然也勾心斗角，但最终大家还是解决了问题。

抽象地看，人类的分工具有如下特征。

（1）分工所要达成的目标，并不是天然产生的，而是诞生于偶然的机缘（比如，若不是因为飞机坠毁，没人会想到要用飞机残骸再造一架飞机）。

（2）分工所要达成的目标得到了普遍的赞同（因为大家都需要活下去）。

（3）分工的领导者与具体的分工方案是通过协商产生的（比如，提出造新飞机这一方案的乘客艾略特，是与其他乘客反复博弈后，才成为这个计划的主要负责人的）。

（4）分工所需要的特殊能力不是每个成员所天生具备的，而是被后天的环境压力倒逼出来的（在这次事故之前，大多数团队成员对制造飞机一窍不通，艾略特以前也仅仅制作过大型航模）。

具备上述四项特征的社会分工要求参与分工的成员普遍达到理解并决定参与特定分工形式的一般智力水平，而分工成员达到一般智力水平，决定了他们可以在不同的环境压力下形成不同的分工团队，应对不同的问题。一个由这样的社会成员构成的人类大集体，自然能通过对个体能力进行多样化的排列组合爆发出惊人的生产力。

与之相比，虫族社会的分工具有如下的特点。

（1）分工所要达成的目标是天然产生的，即建立在生物学本能的基础上，而缺乏对于衍生性目标的表征能力。譬如，在《星河战队》中，虫族成员并不具备建造复杂机械的能力，因为它们无法产生制造此类机械的意图，即使制造的只是《凤凰劫》中的那样粗陋的简易飞机。

（2）分工所要达成的目标，并不需要社会成员的普遍赞同——一切指令均由虫神下达，其余虫族成员只是这一命令的被动接受者。

（3）分工方案是天然产生的。譬如，卫兵虫天生就是卫兵虫，而驮运虫天生就是驮运虫，它们不需要彼此协商，就能直接扮演它们的生物学禀赋所规定的相应角色。

（4）由第三种特征的存在可知，每一种虫子自身的禀赋不是后天环境压力倒逼的结果，而是它们为了应对进化历程中长期存在的生存压力，经过上百万年慢慢进化出来的。对于后天产生的特定环境压力，它们并不具备相应的应对手段。

具备上述四项特征的社会分工并不要求参与分工的大多数成员达到理解并决定参与特定分工形式的一般智力水平，而这就决定了它们无法在不同的环境压力下灵活地组成不同的分工团队，应对不同的问题。一个由这样的社会成员构成的虫族大集体，无法通过对个体能力进行多样化的排列组合获得惊人的产出。

按照上面的分析，虫族在与人类的战斗中屡屡获胜其实是一件极不可能发生的事情。电影设定中的虫族无比强大，是以降低人类的智力为前提的。譬如，在电影中，坦克虫被设定为一种能快速移动、几乎刀枪不入，且能够喷射致命腐蚀液的巨大虫类，很多人类战士被这种怪虫杀死，但即使真有这种怪虫，我们也很难想象未来的人类战士会愚蠢到端着激光枪与之对抗，人类更可能使用的自然是无人机以及无人战车一类的装备，这样才能以自己之长（科技力）来遮掩自己之短（身体的行动力与防御力）。另外，人类的激光枪发射数次才能杀死一条怪虫也是不合理的。如果怪虫的外壳真的如此坚硬，它们的化学结构式又是什么呢？在虫族所在的星球上，又有怎样长期存在的环境压力，倒逼其祖先进化出这样坚硬的外壳呢？进化本身是盲目的，这些虫子不可能预见到自己会与装备了激光枪的人类作战，并为此预先进化出非常强大的外壳，这样的生物学上的投入会因为无法得到短期回报而造成虫族种群的灭绝。

有人或许会反驳：虫族集体中大多数成员的愚蠢与盲从，难道不会使它们具有明显的战术优势吗？至少它们不会像人类战士那样在战场上感到犹豫或背叛战友。

是的，在一定程度上，这算是一种战术优势，但是这种优势只有在虫神的高智商可以应用于各个领域的情况下才能真正发挥出来。然而，虫神的高智商设定在生物学上并不可行：属于同一种族且彼此之间有密切基因关联的不同个体在智能上并不会有如此夸张的差别。譬如，在地球上，蜂后的确对一个蜂巢内的种群繁衍具有至关重要的意义，但这绝不意味着蜂后在智力上有绝对优势。蜂后本来只是普通的雌性幼虫——那些持续食用蜂王浆直到发育完成的雌性幼虫有可能成为蜂后，而那些未持续食用蜂王浆的雌性幼虫则成为工蜂。而且，蜂后不会对工蜂发送复杂的指令，整个蜂巢的运作是按照某种天然的分工来进行的。在这种分工中，没有一只工蜂有单独的姓名，没有一只工蜂具有真正的个性，遑论自由意志。

人类的团结则完全不同。人类团结的前提是自由意志，即可以自由选择的能力。举例来说，刘备之所以能团结关羽与张飞，便是预设了关、张二人具有自由意志，关羽与张飞也可以选择不与刘备结盟，正如赵云既可以选择跟随公孙瓒，也可以选择离开公孙瓒。自由意志固然会在特定的情况下驱使某些个体反叛集体，并由此破坏团结（譬如，吕布就是一个自由意志过强的人物，他的出现往往会带来意想不到的效果），但它也带来了一项红利，即增加了人类团体重组的可能，而所有的重大发现几乎都是人类团体自由重组的衍生物：当哥伦布试图说服西班牙王室资助他组织一个探索新大陆的团队时，历史上没有人做过类似的事情；在爱因斯坦试图说服罗斯福启动"曼哈顿工程"之前，罗斯福可能都没听说过什么叫"原子弹"。

那么，人类如何才能既享受自由意志带来的团体重组的可能性红利，又尽量避免其破坏团结的负面效应呢？这主要有两个办法。

第一，基于利益考量的说服活动。曹操在官渡大战前夕之所以能够与孙策结成同盟，是因为双方发现，这一同盟能给双方带来利益：孙策需要曹操控制汉献帝，为自己打下的江东六郡提供合法地位，而曹操需要在打响中原大战的同时暂时稳住江东。稳定的利益交换是维系此类同盟的前提：一旦利益消失，原本团结的双方便会反目。孙策对袁术的反叛，李傕与郭汜的争斗，都可以为这一情况提供注解。

第二，基于共同价值观的分享活动。譬如，汉献帝的老丈人董承之所以要联合刘备诛杀曹操，主要是因为二者对汉室有相同的感情，若仅仅从获得利益的角度看，董承这么做其实是不那么理性的，毕竟诛杀曹操的成功率很低，失败的后果却很严重，若选择什么都不做，董承也依然享有荣华富贵。然而，价值观能够使人产生蔑视死亡的巨大力量。

基于利益考量的说服活动与基于共同价值观的分享活动

都没有预设一个类似于"虫神"的超级智慧者的存在。具体而言，基于利益的团结当然是彼此平等的理性主体讨价还价后的结果；基于价值观的团结其实也并不需要一个超级智慧者在高层加以协调。人们的利益诉求与价值诉求是不同的。无论是基于利益的团结，还是基于价值观的团结，都能极大地催生多样性，并由此使得人类文明高度繁荣。

请注意"机会"这两个字。这两个字重若千斤。市场经济之所以能比中世纪的自然经济解放更多的生产力，就是因为前者更尊重个体的自由意志，能够为人类社会中的小团体提供更多的重组机会，并由此给人们提供更多的发展机会。在中世纪的自然经济中，农奴永远是农奴，他永远不可能有机会成为贵族，也不会有精神动力去像瓦特那样进行试验。毫无疑问，社会中相当一部分的智力资源在这种僵死的分工形式中被浪费了。然而在市场经济中，农民可以去伦敦打工，并通过几代人的积累让后代慢慢成为中产阶级。这样的机会会从根本上激发整个社会的上进心。这也就解释了为何林肯政府领导的旨在废除南方奴隶制的内战是一场正义的战争。的确，有史料证明，当时南方的某些奴隶主对自己的黑奴其实还算宽厚——正如《飘》所表现的那样——但在更市场化的制度中，一个美国黑人会拥有黑奴所不可能拥有的机会，比如像电影《银行家》里的黑人企业家伯纳德·加勒特那样西装笔挺地跻身上流社会。

因此，我们不必担心某一天会遭遇类似《星河战队》中的虫族的攻击，因为一种完全以生物学的方式僵化社会分工的物种不可能对人类社会构成根本的威胁，正如自然经济体不是成熟的市场经济体的对手一样。如果说僵化的分工意味着扼杀创新的可能性，那么，这种扼杀本身就意味着失去胜利的可能性。作为人，而不是虫，我们要对自己有信心——除非我们不珍惜自己的人性，以及我们的自由意志。

第九夜 "外星语"可以被翻译为"地球语"吗？

译不准原理

在前一晚，我们比较了人类社会的分工形式与昆虫社会的分工形式。我还特别提到了在人类社会中，形成团结的社会组织的两个途径：基于利益考量的说服活动，以及基于共同价值观的分享活动。很显然，这两种活动都预设了语言的存在（说服活动当然牵涉语言，而价值观的传承也离不开语言），而语言的本质又是什么呢？

美国科幻片《降临》在这个问题上给出了颇有深度的思考。电影说了这样一则故事。地球上空突然出现了不明飞行物，飞行物以人类无法理解的语言向人类发出了信号。美国军方找到了语言学家露易丝·班克斯和物理学家伊恩·唐纳利，希望两人能够合作破解外星人的语言之谜，了解其造访地球的真正意图。

两个人的合作一开始并不顺利。唐纳利是理科思维，语言学家班克斯则是文科思维，两个人对语言本质的理解是不一样的。在唐纳利看来，任何语言的规律都能通过数理统计发现，而班克斯认为语言的本质在于语言使用者对语言的用法。根据后者的观点，学习语言的诀窍不在于搜集足够多的语料做数据分析，而在于努力像母语使用者那样去思考、去生活。请注意，这里的文科思维并不排斥理科思维，而是构成了其先导，说得具体一点，数理统计的前提是了解统计的对象，而对于统计对象的质的判断，需要语言学或者语言哲学思维的介入，而班克斯倡导的基于语言使用者生活形式的语言观，就来自语言哲学家维特根斯坦的名著《哲学研究》。

然而，当我们面对的是外星人时，我们要怎么像他们那样思考与生活呢？这就陷入了一个悖论：如果我们想了解他们的语言，就得像他们那样去思考、去生活，但要像他们那样去思考，就得多少了解一点儿他们的语言，可现在我们分明一点儿都不了解他们的语言啊！

面对这样的难题，班克斯的思路是，让我们先想一想自己与这些外星人的最基本的共同点。现在，我们至少能够确定6件事。

（1）他们有发达的社会组织形式，否则我们难以解释为何他们能有如此先进的科技水平，能从那么遥远的星系出发开着飞船造访地球。

（2）他们有语言，而且他们的语言可能很发达，否则，我们难以解释为何他们能够交换信息，从而完成如此复杂的科技产品。

（3）他们有与人类进行交流的意图，否则我们很难解释为什么他们已经具备了打败地球人的科技与军事力量却按兵不动。

（4）他们族群的个体应当有名字，以表示个体之间的区别。这是因为，如果每个个体没有名字，那他们就是一个不重视个体的族群，但不重视个体的族群很难支持自由与高效的信息交换，因此，也不可能支撑科技的发展。

（5）尽管他们的身体与人类非常不同，但他们肯定能进行自主活动，因此，他们应当有关于身体活动的基本术语。

（6）尽管他们没有手，但是他们有类似腕足的结构，这一结构既能用来走路，也能用来抓举对象，甚至还可以通过喷墨来进行信息交流，这类似于人类的手脚。

由以上六点出发，班克斯提出了一个别开生面的学习外星人语言的方法：先引导他们学习我们的语言！其背后的道理是，既然他们有与我们交流的意图，那么，让他们先学习我们的语言，难道不也是解决问题的一条路径吗？我们不也正好能通过观察他们，了解他们的语言吗？毕竟，我们的语言表达式的意义在明处，而通过这种引导，本来处在暗处的外星人语言表达式的含义也会被带到明处，这可以为探究这些表达式精密含义的数理统计打下很好的基础。

这个想法不错，但要如何实施呢？直接对外星人说"不好意思，麻烦你们学习一下我们的语言"当然是不行的，因为他们连这句话也听不懂。因此，我们必须先给出一些人类语言使用的案例，然后暗示外星人：瞧，我们就是这么说话的，那你们呢？

最基本的语言使用案例便是人类对名字的使用。当我们互相介绍的时候，会让对方看到自己；我们向朋友介绍另外一个人时，会用手指指着被介绍者或者他的照片。既然外星人的腕足可以作为人类手足的类似物，而且我们也预设他们有自己的名字，那么我们就可以预设"指向对方，喊出对方的名字进行介绍"的社交仪式对他们来说也是有意义的。本着这一想法，班克斯就先指着自己的鼻子，喊出"班克斯"，而且，考虑到外星人可能听不清自己的声音，她还在白板上写出了这个词。这一方法果然奏效了：外星人也开始用腕足自指，并用腕足喷出了各种各样类似于中国水墨画的复杂图案。班克斯又如法炮制，开始走路，并拼读表示"走路"的英文单词"walk"，而外星人也随之喷出了不同的复杂图案。与此同时，唐纳利带领的团队拍下了外星人喷出的每一幅图，并输入电脑进行后续分析。

但即使是这个办法，也存在哲学家奎因所指出的"译不准"的问题。设想一下，一个语言学家跑到土人部落里，发现土人在看到兔子的时候喊"gavagai"，他要怎么知道"gavagai"的意思就是"兔子"而不是"母兔子""白兔子""白色的母兔子"，或是柏拉图式的哲学概念"兔性"（即兔子之为兔子的一般性）呢？基于同样的道理，班克斯怎么知道她自指并喊出自己名字的时候，外星人能够明白她所喊的是自己的名字，而不是自己族群的名字，或是自己所属物种的名字呢？同样，我们又如何确定外星人在自指时喷出的图案是他们自己的名字，而不是他们的族群或物种的名字呢？

要想排除多余的语义解释，就要采用如下方式。

第一，我们必须假设简单的词汇与相对简单的指称相互对应。譬如，我刚开始学习意大利语的时候，有一次与一个波兰人一起吃饭，他指着我面前的一杯水，用意大利语说"acqua"。这究竟是什么意思呢？是"水""矿泉水"，还是"水与玻璃杯在一起的状态"？显然，这应当是"水"，因为另外两种语义过于复杂，不太可能与发音如此简单的"acqua"有联系。同样的道理，在奎因所举的例子中，"gavagai"也应当是"兔子"的意思，而不太可能具有"母兔子""白兔子""白色的母兔子"等更为复杂的语义。其背后的哲学道理是，语言在本质上是对信息的编码，因此，语言形式的复杂性与被编码信息的复杂性应当是相辅相成的。否则，这种语言的编码规律会因为过于怪异而无法被任何语言学习者掌握，并因此失去作为公共交流工具的价值。

第二，我们可以通过引入更多的学习案例来排除多余的语义解释。比如，当班克斯一边自指一边说"班克斯"的时候，她可以让身边的另一个人也一边自指一边说自己的名字，由此外星人就可以明白，这是地球人个体的名字，而不是地球人的统称，因为不同名字的语音语形特征应当与不同个体所具有的外形特征相互对应。

需要注意的是，通过引入关于名字的语言游戏引导外星人学习英语，并不是人类反向学习外星语的唯一手段。在电影中，中国科学家与降落在上海陆家嘴附近的外星人也建立了有效的联系，中国科学家想出的初始沟通策略是教外星人玩麻将。虽然电影在这一部分的着墨不多，但我们可以大致猜出中国科学家的思路。与自我介绍这一语言游戏相比，麻将游戏的规则性更强，也更适合表现出"麻雀虽小，五脏俱全"的微观语言体系。比如，麻将游戏中的"吃""碰""杠""听""和（在麻将术语中读'hú'）"都可以通过形式方法定义，而不会有太大的歧义。不同于美国科学家的"先按照维特根斯坦主义的路径示范如何使用日常语言，再进行统计学分析"的解析思路，中国科学家团队的解析思路是"先示范如何应用人工语言，再将使用经验拓展到日常语言"。有意思的是，根据电影的设定，中国团队的研究思路还引起了一个问题：一次，科学家把外星人喷出的某种图案解释为"武器"，并由此得出了"外星人来者不善"的结论，采信了这一解释的各国政府也认为地球人即将与外星人开战，局势一度十分紧张。班克斯的解读则相对没那么悲观。她认为该图案虽然可以被解释为"武器"，但其更常见的释义是"工具"，其中未必有"武器"的意思。很显然，中美两国团队对于同一个符号的解读分歧，也是奎因所说的"译不准现象"的一个例子。不过，因为这部电影是美国拍摄的，所以最后美国团队的解释是正确的。

其他科幻电影也设定过外星人的语言，比如在科幻大片《阿凡达》里，纳美人的语言就是剧组委托语言学家根据某种印第安土语构造出来的。但《降临》没有以某种已有的人类语言为模板构造外星语言，而是利用外星人的腕足能喷射墨汁的特点，发明了一种与任何已知的人类语言都有很大区别的语言。这种语言具有如下特征。

第一，图像中心主义的信息交流方式。有语言学常识的朋友都知道，对地球人来说，语音的出现要先于文字的出现，而有些文化至今没有成熟的文字系统。但对《降临》中的外星人而言，用腕足喷出图案并不是很复杂的事情，因此，文字在他们的信息交流中具有基础性的地位。换言之，他们的信息交流是图像中心主义的，而我们的信息交流是语音中心主义的。

第二，非线性的阅读习惯。语音中心主义的信息交流会使人形成线性的阅读习惯：你需要读上一个词才能读下一个词，不能倒着读，这一点也适用于充满象形符号的古埃及文字与汉字。但在《降临》中，外星人的文字排列成了一个圈，你可以顺时针看，也可以逆时针看，怎样读都不影响理解。这种带有佛教中的"轮回"意味的文字排列方式，其实与外星人身体的"轴对称"特征是相对应的——他们章鱼式的身体前后左右都是一样的。

第三，连续性的语言符号。人类的语言符号是彼此离散的，比如，词与词之间会有停顿，而这些外星人的语言符号则是连续的，他们用线条时粗时细的圆圈与飞散的形状各异的墨汁来进行信息表征。这两种表征方式会导向一些重要的差异：地球人的表征方式容易造成两极化的思维方式，而外星人的表征方式则方便他们在两种质的规定间做出极为丰富的程度区分。所以，他们的情感可能比我们的更为细腻。而且，他们可以通过细微地调整喷墨力度来更自由地进行情绪表达（就像毛笔字的线条力度能体现出情绪一样），而在正式出版的人类文字中，我们只能通过添加标点符号等方式表达情绪（比如，多加几个惊叹号）。电影里的中国科学家之所以会误解外星语中关键语词的含义，可能也是因为中国团队给外星人的语言教具（麻将术语体系）的离散性与规则性太强，使得外星人在某个环节误解了我们的意思，而地球人又反过来用离散性的符号思维揣测外星人以连续性为特征的思维，由此导致了误会。

另外，我也怀疑《降临》中外星人的语言结构是否真能支撑起复杂的社会合作形式。毕竟，越复杂的社会合作形式越需要清晰的符号来消除可能的歧义，譬如，古罗马人之所以将法律条文刻在铜板上，就是因为要用这种方式固定法律语义，由此稳定社会预期。虽然各种文明都有特定的书法形式来赋予个体书写以个性，但这些个性化的信息记录方法并不会进入特定的"正字法"而成为普遍的符号体系，以免过于个性化的记录方法导致信息交流困难。与之相比，《降临》中外星人的喷墨式文字的个性化色彩实在太浓，在这种文字的基础上建立社会公认的规范恐怕有比较大的难度，而如果没有一套行之有效的规范，复杂且可以复制的社会合作模式恐怕也很难形成。

那么，这是否意味着这些具有章鱼外形的外星人不可能发展出发达的社会组织形态呢？也不是这样。如果他们能适当减少自己喷出的墨汁图案的个性特征，然后引入基于这些图案的离散性（比如，规定圆形图案与矩形图案之间的语义分离性），他们的文明就可以发展到相当先进的程度。另外，外星人在语言表述上有一项人类所不具备的巨大优势：他们可以瞬间喷出复杂的图案来表达复杂的语义，而人类在表达同样的语义时，要依次发出音节，表达的效率由此降低。因此我们也可以推知，外星人的学习效率可能是以几何倍数碾压我们的。总之，我们不必担心《星河战队》里的虫族入侵地球——这些虫形外星生物是无法发展出高级文明的，但如果我们遇上了《降临》中的章鱼形外星人，那麻烦就大了。

第十夜 "透明人"为什么容易没道德?

身体图式

在讨论《降临》中的外星语时,我们谈到了语言与身体之间的关系,换言之,外星人之所以习惯用喷墨的方式表达自我,正是因为他们有类似于章鱼的身体构造。现在,我们要将更多的注意力转到身体之上。

与身体相关的哲学问题很多,在此,我想着重讨论身体与伦理学之间的关系。电影《美国队长》其实就蕴含着对于这一问题的思考。电影大致讲了这样一则故事。1943年6月,居住在美国纽约布鲁克林的平凡男子史蒂夫·罗杰斯因愤慨于纳粹在欧洲的暴行而决心参军,但因身材矮小、体弱多病,他5次申请都被拒绝,最后伪造了体检材料才侥幸入伍。史蒂夫入伍后开始严格训练,展现出了非凡的勇气与毅力,并因此最终入选军方科学家亚拉伯罕·艾斯金的超级战士计划。实验当天，史蒂夫被注入"超级战士血清"，变成了高大威猛的超级战士，在之后的各项作战任务中表现出色。

为何身材瘦弱矮小的史蒂夫反而会成为超级战士计划所青睐的对象呢？计划主管艾斯金的理由是这样的。

（1）任何被选入该超级战士计划的对象，都会在体力方面大幅度提升，并具有强大的潜在破坏力。所以，被选对象的德性非常重要，否则此类战士的出现很容易埋下巨大的隐患。

（2）德性的一个重要方面是对弱者有同情心，而对具有强大身体能力的超级战士来说，同情心是阻止其恃强凌弱的最关键的心理阀门。

（3）是否具有同情心与个体的早期生活经历有关。如果相关个体有大量被更强大的个体侮辱与伤害的早期经历，该个体就更容易对弱小者产生同情。

（4）体型较为瘦小的个体，在其早期经历中受到侮辱与伤害的概率也比较大，这样的个体也就更容易同情其他的弱小个体。

（5）由上，让身材矮小的史蒂夫加入超级战士计划是合适的。

不过，在史蒂夫被注射血清成为一名强大的战士后，为何基于他早期身体样态的记忆还继续起作用呢？这就涉及了一个重要的哲学概念：身体图式。到底什么是身体图式呢？

这是法国哲学家梅洛-庞蒂的《知觉现象学》中的概念。一言以蔽之，"身体图式"即心智理解其肉体行动方式的基本框架。我们也可以将其理解为大脑操控身体的操作界面。比如，章鱼的身体图式就是基于腕足的移动，而且，由腕足做出来的"卷"与"抓"是同一个动作，所以章鱼可能无法直接理解灵长类生物是如何区分这两个动作的，因为这样的区分不在章鱼的基本操作界面上。又比如，无论是章鱼还是人类，其身体图式都不包含"飞"这个动作。这不是说人类不会在语言的层面上使用"飞"，而是说人类的本能性的基本动作图式不包含"飞"这个动作。这就解释了电影《新蝙蝠侠》中，蝙蝠侠站在高楼顶部时为什么会犹豫。尽管他的蝙蝠衣能让他在空中滑翔，但是在纵身一跃的一刹那，他还是犹豫了，因为他身体的基本操作界面上没有"飞"这个按钮，而在这个节点上，真正的蝙蝠是绝对不会犹豫的。

在心理学哲学领域，关于身体图式的经典讨论之一是"幻肢"现象。例如，某病患分明在战争或事故中失去了左手，却一直在医院里抱怨自己的左手疼。不存在的一只手怎么可能疼呢？基于"身体图式"的解释如下：虽然他失去了左手，但是他基于身体长期使用习惯形成的身体图式依然保持原样，而在他原先的身体图式中，疼痛依然被分配在左手。

我们可以用这种观点重新解释艾斯金选择史蒂夫的理由：弱小者的身体图式决定了他们很难俯视其他个体，而他们也不会因此蔑视其他个体。即使他们的身体素质得到了全面的增强，他们原本的身体图式也会继续发挥作用，使他继续平视其他对象，同情对方。

不过，仅仅从这一方面讨论身体图式与伦理道德之间的关系还略显薄弱，我们需要关于此类关系的更一般的描述，具体内容见下。

在伦理学的讨论中，道德规范一般会被分为"义务论""后果论"与"德性论"三类。这三类道德规范虽然彼此内容不同，但都从各自的角度出发，分析了人类的身体图式。

先来看"义务论"。义务论者认为，当且仅当一个行为符合被普遍承认的道德规范时，这个行为才是符合伦理的，比如康德所说的"不要让你自己成为他们的纯然手段，要对他们来说同时是目的"[①]。从表面上看，康德所言非常抽象，似乎与身体图式毫无关系，但实际上，其中的普遍人道主义观点是建立在这一重要的生物学事实的基础上的：成年人类个体之间的差异可以在高层面的理论描述中被忽略，因此，我们没有支持各种种族歧视与性别歧视主张的的强烈理由。很显然，这种普遍人道主义的观点并不直接适用于海豚或者大象，因为它们在身体图式和智力架构方面与人类的差异已经大到了不可忽视的

---

① ［德］康德：《道德形而上学（注释本）》，张荣、李秋零译，中国人民大学出版社，2013。

地步。

需要注意的是，日常生活中的更具经验性内容的规范性义务显然也预设了特定身体图式的存在，譬如与空间相关的交通禁令"不许横穿铁道线！""闲人禁入，机房重地！"等。这些禁令在逻辑上预设了人类身体与特定交通设施空间的边界，人类的物质形态（比如，不是弥散四周的等离子体）和身高也使得其对特定的空间界限的规避具有现实意义（假设人类像上海的东方明珠一样高大，那么，人类规避吉娃娃的行为就会显得极不现实）。甚至，我们可以说人类的大多数具体道德规范是特定身体图式的衍生物，比如，"不能将别人从高楼上踢下去"预设了人类的身体图式不包含"飞"，"不能将别人从船上扔到河里去"预设了人类的身体图式不包含"游"，等等。

类似的分析也适用于后果论。支持后果论立场的伦理学家认为，当且仅当某一行为符合社会中大多数人的最大利益时，这个行为才是符合伦理的。因此，在后果论的伦理框架中，为了多数人的利益牺牲少数人的利益是可以容忍的事。这一想法虽然与试图保护个体利益的康德式义务论思想有所不同，但二者殊途同归，都预设的是人类个体的身体图式彼此类似。正是基于这样的预设，义务论者才认为没有任何一个个体比其他个体更值得关注；也是基于同样的预设，后果论者才认为大多数个体的利益必然比少数个体的利益更值得关注，因为在个体之间质的区别不那么明显的情况下，不同个体所构成的团体成员数量的重要性会得到凸显。

类似的分析也适用于德性论。支持德性论的伦理学家更关心的是人类个体的总体道德品性，而不是其给出的特定行为，譬如，评价一个人是否有同情心、是否敢于揭露丑恶现象。对于德性论思想与人类身体图式之间的关系，美国哲学家麦金太尔有清晰的认识，他在《依赖性的理性动物》一书中，特别强调了伦理学研究与生物学研究的连续性。他指出，如果我们将伦理学方向的研究视为对于人际关系根本规范的研究，那么，我们就无法忽略使得此类人际关系得以存在的下述基本生物学前提。人类是离开了群体就必然会灭亡的物种，因为人类的身体具有生物学意义上的脆弱性："我们是否能够存活，在相当程度上取决于别人（更别提繁衍了），因为我们经常遭遇如下困难：身体疾病或伤害、营养不足、精神疾病与困扰，以及来自别人的入侵与无视……"[①] 这就是说，按照麦金太尔的观点，人类道德规范中最基本的部分，如尊老爱幼、帮助弱小等等，都是对某些最基本的身体图式的"再包装"，而不是纯粹的"文化发明"。由此不难推出，如果在另外一个世界中，人类的生物学习性以及相关的身体图式均与现存的人类不同（譬如，那个世界的人类会像螳螂那样在交配之后吃掉配偶），那么，我

[①] MacIntyre, A. (1999). *Dependent Rational Animals: Why Human Beings Need the Virtues*. Chicago: Open Court Press.

们也就没有理由期望他们在德性名目上的看法与我们基本一致了。

那么，是不是只有内心纯良的人，才配获得人体增强技术，从而方便其原有的身体图式（以及伴随着这种身体图式的德性状态）在新躯体中继续发挥作用呢？也许有人会根据以下三部电影提出反驳。

第一种反驳意见是基于电影《钢铁侠》提出的。主人公托尼·史塔克是一个有点不羁的富家子弟，而他打造的钢铁战衣则使得他具有了上天入地的惊人本领。虽然史塔克本质上是一个善良的人，但是与一身正气的美国队长相比，他还是有不少毛病。因此，如果"只有内心纯良的人，才配获得人体增强技术"，那他并不应该享有这项技术。换言之，钢铁战衣应当由品行更端正的人继承，或者由国家严密监控。但很显然，这一要求会显得过于严苛，像美国队长这样在道德上毫无瑕疵的人仅仅是一种理想化的产物。那么，我们是否可以推出，在现实生活中，谁都没资格获得全面提高身体机能的人体增强技术呢？

并不是这样。《钢铁侠》中的钢铁战衣，属于某种"可穿戴设备"，换言之，史塔克在一天中的大多数时候还是在像正常人一样生活，因此，这套设备不足以对他既有的身体图式产生全面的扰动。另外，因为他穿着战衣除恶扬善的形象已经深入人心，他在穿上战衣后反而会受到更多的道德约束，也因此不会轻易改变自己的道德人设，以免影响他公司的股价。从这个角度来看，我们并不需要对设备使用者的道德品行做出过于苛刻的要求。

第二种反驳意见是基于电影《绿巨人浩克》提出的。这部电影讲述了这样一则故事。布鲁斯·班纳是一位为美国军方服务的科学家，在一次试验中，为了保护同事，他暴露在了致命的伽马射线下，体内的神秘力量被意外唤醒。从此之后，每当情绪激动时，布鲁斯·班纳就会失去自我意识，变身成绿巨人，并且具有超强的破坏力。

也许有人会说，《绿巨人浩克》的故事可以反驳基于《美国队长》脚本的应用伦理学的主张：班纳与史蒂夫一样心地善良，但是他在极度愤怒时依然无法自控，并在一定情况下对社会安全构成了潜在威胁，这就说明善良的本心无法阻止人体改造计划的失控。

对此，我认为，绿巨人的案例与美国队长的案例并不真正相似。其一，绿巨人是在事故中意外产生的，而在《美国队长》中，史蒂夫的身体改造方案得到了严密的论证。其二，班纳是否进入绿巨人状态，并不受其自由意志的控制，而史蒂夫即使得到了改造，其所有行为也都在其自由意志的控制之下。不过，绿巨人的案例至少也说明，我们对于身体图式的改造必须坚持两个原则：第一，我们要始终保证这种改造的进程是可控的；第二，我们必须始终保证得到改造的个体依然可以无阻碍地运用自由意志控制其得到改造的身体，或决定是否要将身体从一个状态切换到另外一个状态。

第三种反驳意见是基于电影《透明人》提出的。在电影中，隶属于美国军方的科学家塞巴斯蒂安·凯恩负责研究一种能够使得动物与人类彻底隐形的神秘药水，急功近利的塞巴斯蒂安无视药物的不稳定性，执意在自己身上试验，终于成了隐形人，后来，他越来越喜欢隐身的感觉，并在隐身的状态下做出了很多有悖伦常的事情。

从表面上看，《透明人》的剧情并不构成对《美国队长》中的伦理学意蕴的直接反驳。与史蒂夫不同，塞巴斯蒂安本来就是一个道德品行很不堪的人，所以，他根本不适合成为任何一个人体改造计划的实施对象，而且与史蒂夫参加此类计划的过程不同，他是在没有得到任何官方授权的情况下，给自己注射隐形液的。但需要注意的是，《透明人》这部电影恰恰可以引导我们思考：如果我们也有这种隐形能力，我们能够克制自己不去犯罪吗？如果我们做出任何行为都不会留下物理证据，我们的犯罪行为也不会受到指控，在失去这种制约的情况下，我们还能够保持自己的善良本心吗？

在这三种反驳意见中，第三种反驳意见的力量其实是最大的，因为由它引发的问题对人性的考验最为严峻。无论我们是像钢铁侠那样刀枪不入，还是像绿巨人那样力大无穷，我们都会暴露在公众视线之下，并因为自身的可视化特征成为社会监督的对象。但身体的透明化则意味着个体与社会监督机制的全面脱离，因为现有的全部社会规范都预设了人类个体彼此的可视性。因为这种对于既有身体图式的改造十分彻底，基于原始身体图式的德性习惯能否在这种新图式中得以维持就成了难以确定的事。当然，"美国队长"式人体改造计划的支持者依然可以这样为该计划辩护：所有正常的人体改造计划都旨在提升人类既有的机能，比如使人行动更敏捷、跳得更高、跑得更快等等，而隐形本来就不是人类既有的机能，因此，赋予人类隐形的能力也并不是人体改造计划的题中应有之义。从这个角度看，如果未来的人体改造计划全面进入人类的生活，这种计划也必须是相对保守的，即要保证新身体所具有的身体图式与旧身体的身体图式具有起码的延续性，否则，我们就不能保证传统伦理规范在纯然陌生的身体图式上得到延续，而一旦这些规范崩溃，人类既有的产权制度与经济活动也将全然崩溃。

社会

第十一夜 "我是谁"由谁说了算？

自我的本质

在前一晚，我们的讨论已经涉及了社会维度。从今夜开始，我们将集中讨论与社会相关的哲学问题，并了解一些与之相关的电影。

要思考与社会相关的哲学问题，我们首先要思考自我的本质，毕竟，若没有一个个"自我"的存在，社会也将不复存在。那么，自我的本质是什么呢？在笛卡尔式的哲学视野中，自我在认识论的意义上至少是可以独立于社会的存在，比如，你可以怀疑你所在的社会是否真实存在（你所生活的这个街区是不是《楚门的世界》里某个巨大的布景板呢？），但是你不能怀疑"你在怀疑"这件事情。作为心灵活动的怀疑活动自然是通过某个执行者来执行的，而这个执行者就是自我。所以，自我必须存在，而社会未必存在。

但是，这种笛卡尔式的观点到底对不对呢？在这里，我要向大家介绍一个相反的观点：自我在本质上就是一个充满内部争斗的小社会，而这个小社会能否被一个统一的"自我"标签所概括，又取决于社会的判断。总之，不是"我思故我在"，而是"社会说你在，你才在"。

为了理解这个道理，我们不妨来看一看电影《一个头两个大》。这部电影说的是这样一则故事。查理是一名善良的巡警，但是"人善被人欺"，他的妻子出轨，与情人生下了三个儿子，后来还扔下孩子与情人私奔了。查理将这三个儿子视如己出，儿子们也十分尊敬他。镇上的人都因为查理善良而欺负他，终于，隐藏在查理体内的狠角色阿庆出现了。阿庆与查理截然不同，他在镇上惹是生非，毫无顾忌。

查理经过检查，发现自己患上了人格分裂，需要用药物治疗。同时，作为巡警的他要护送证人伊莲去纽约。黑恶势力一路追杀伊莲，在保护伊莲时，查理遗失了精神科医生开给自己的药，结果一路上，他在好警察查理与暴躁狂阿庆之间毫无预兆地切换，让伊莲无所适从。更复杂的是，查理与阿庆都爱上了伊莲，这两个人格还彼此争风吃醋。

在这部电影里，查理所得的病叫"分离性身份障碍"，过去也被称为"多重人格障碍"。一般认为，患者患病是因为受到了巨大的刺激而将自己的人格加以区分，以便维持心理平衡

（这类似于消防队员设置防火带，将着火区域与未着火的区域隔离，以减少损失）。比如，查理之所以要"创造"出一个叫"阿庆"的第二人格，便是为了回应妻子的背叛以及全镇居民对他的长期侮辱——既然作为老好人的原始人格无法应对这种社会压力，那就创造一个凶狠的新人格，以帮助他解决问题。无独有偶，《纽曼医生》里也有类似的剧情。一天，纽曼医生接收了一名新患者，即原美军战斗英雄布里斯上校。上校时常想起在战争中因自己的命令而牺牲的下属，并因为这种愧疚不幸患上了分离性身份障碍。为了从愧疚中解脱出来，他创造了两个身份："过去先生"负责应对他的过去之所为，"未来先生"负责应对他的未来之所为。他还切断了这两者之间的人格联系。纽曼医生根据他的病因开始了相关治疗，不幸的是，治疗最终因为某些意外没能成功。

看了上面两个故事之后，大家是不是获得了关于自我的新视角呢？按照笛卡尔式的自我观，自我是天然统一且自足的。但从经常处理"分离性身份障碍"的精神科医生的角度看，自我在本质上就是一个松散的联邦，而且该联邦往往会因为外界的刺激表现出分裂的倾向，而健康的人与病人之间的主要区别在于：对于健康的人而言，精神联邦中不同微观自我的斗争尚且没有剧烈到切断它们之间的联系的程度；而对于病人来说，这些微观自我之间的斗争已经到了如此残酷的地步，以至于若再不切断它们之间的联系，精神联邦就会整体死亡。哪些人的内部微观自我的分离程度已经到了需要外界帮助的地步，这一点是需要外部人来决定的。换言之，我们的自我统一性是否成立，需要由相关的社会权威决定。这也是我前面所说的哲学命题的意思：自我统一性的根据并不在于自我，而在于外部的社会评断。

　　与上面这种自我观紧密相关的哲学理论，在美国哲学家丹尼尔·丹尼特的《意识的解释》中得到了更系统的阐述。丹尼特的观点其实更偏于极端：自我意识本身就是某种解释的产物！换言之，没有解释，就没有自我意识！

　　我的意识怎么会是被解释出来的呢？下面便是大多数人对这个问题的看法：假设我现在在听贝多芬的音乐，假设我现在在喝普洱茶，那么，我对于贝多芬的音乐以及普洱茶的味道的意识与体验就应当是真实的。笛卡尔告诉过我们：即使你所意识到的事物本身可能并不存在（比如，我们可能在幻觉中意识到了其实并不存在的一张大额支票），但"我在进行意识活动"这件事是毫无疑问的。难道这种意识的存在不是自明的且不需要解释的吗？难道我不比其他任何人更能清楚地意识到我自己牙疼是什么滋味吗？难道我对于自己牙疼的言语解释，要比牙疼体验本身来得更为直接与可靠吗？

　　好吧，丹尼特确实是要试图颠覆大家的这种想法。他的意识理论包含以下几个论题。

　　论题一，否认"现象意识"（phenomenal consciousness）与

"切入意识"（access consciousness）之间的界限。

在心灵哲学的历史上，区分这两种意识的是美国哲学家布洛克。他将前一种意识视为在现象体验中被呈现出来的意识，比如一个暴躁的父亲在打了儿子耳光后手部所体验到的灼热感；后一种意识，指的是对于一个人的内部推理活动的自我意识，譬如，这个父亲对于他体罚儿子的理由与动机的意识。我们的自然语言的模糊性，似乎允许我们在某种游移的意义上交叉使用"意识"的这两重含义（比如，在"一片红色出现在了贾宝玉的意识中"这句话里，我们是在"现象意识"的意义上使用"意识"的；而在"你意识到你究竟在做什么了吗？"这句话中，我们是在"切入意识"的意义上使用"意识"的），但尽管如此，在布洛克看来，我们依然要厘清这两种意识之间的界限。厘清二者界限的哲学意义在于：前一种意识涉及的是意识的主观面相，而后一种意识则关系到意识的客观面相。作为二元论者的布洛克认为，一种彻底的物理主义理论只能解释意识的客观面相为何存在，而不能解释意识的主观面相为何存在。换言之，我们能够用冷静的物理主义态度解释一个父亲为何打儿子，却不能解释为何他在打了孩子后会感到疼。

作为彻底的物理主义者，丹尼特要想给出一种对于意识的彻底的物理主义解释，就要先破除二元论者在两种意识之间划下的楚河汉界。换言之，在他看来，意识的主观面相其实附着在其客观面相上，譬如，父亲打儿子后手部的灼痛感，就附着在"他的手打击儿子身体的某一部分"这一物理活动之上。请注意,在一种物理主义的意识模型中,疼痛本身扮演着某种包含因果关系的角色:疼痛会阻止父亲做那些导致他疼痛的事,比如用手直接打儿子。

那么,为何很多人对布洛克给出的意识二分法表示赞同呢?在丹尼特看来,这是因为很多人错误地将意识活动所负载语义内容的丰富程度的区别解读成了现象意识与切入意识的差别。[1] 比如,被蚊子叮咬后的痒痛感实际上缺乏丰富的语义内容(因为我们的确很难用语言清楚地描述这种感觉);而观察蚊子的结构时,我们所具有的意识则负载了丰富的语义内容(因为我们很容易说清楚自己在观察什么)。但这种差别毕竟是相对的,因为再贫乏的语义内容也仍然是语义内容。打个比方,正因为所谓的"蒸馏水"仍然含有微量细菌,所以我们才不能将市售蒸馏水与自来水的区别视为完全无菌的水与含有细菌的水的差别。同理,现象意识与切入意识的区别,也仅仅是语义内容较少的意识与语义内容较多的意识的差别。因此,二者之间的差别其实是缺乏重大的哲学意义的。这也意味着,一种针对这两种意识的统一解释模型是定然存在的。

说明了这一点,我们也就很容易理解丹尼特意识理论的下

---

[1] Dennett D. (1997). The path not taken. In Block, N., Flanagan, O., and Guzeldere, G. (Eds). *The Nature of Consciousness*. Cambridge, MA: MIT Press.

一个论题了。

论题二，我们的意识活动是由很多并行的信息处理流程所构成的。

譬如，我在看电影《一个头两个大》的时候，突然感到手臂略略发痒（很可能是有蚊子叮了我一口），这就是两个平行的信息处理流程。需要注意的是，看电影是一种语义信息负载很多的信息处理流程，而感到痒则是一种语义信息负载很少的信息处理流程，但是按照论题一中的精神，丹尼特是不愿意在哲学层面上将其归类为两个不同的哲学范畴的。换言之，他在这里继承了休谟的心灵理论的衣钵，即认为自我的本质是一束知觉，而不存在将这些杂乱的知觉合并在一起的"统一者"。

上述信息处理过程各自带有多多少少的语义内容，这就牵涉了丹尼特意识理论中的一个重要隐喻——"草稿"（drafts），并引出了下面的论题。

论题三，上述不同的信息处理流程会自动产生不同的草稿。

"草稿"在丹尼特的文本里是指对于意识内容的某种语义解释。需要注意的是，不同草稿的产生机制是由大脑所接触的信息流的丰富性所导致的。换言之，信息流的不同面相会触发不同草稿的产生。比如，若张三一边驾车一边听电台音乐，那么就会产生两种不同的文本："在听音乐的时候开车"，或者"在开车的时候听音乐"。很显然，这是两则不同的故事，正如"关羽温酒斩华雄"与"关羽喝了酒，顺便杀了华雄"是两则不同的故事一样。另外需要注意的是，这些不同的故事版本，归根结底还是来自社会，因为我们是通过社会的教育学会了语言，并在语言的帮助下产生了针对同一现象编辑不同文本的能力的。

那么，这么多不同版本的故事彼此竞争，谁会胜出呢？是得到某个"终极编辑者"青睐的那个版本吗？答案是否定的。

论题四，草稿的终极编辑者并不存在。

关于这个问题，丹尼特特别批评了一种受到笛卡尔主义与康德主义影响的观点，即在各种经验表象的背后，有一个叫"自我"的东西将这些经验表象统合在一起。用隐喻化的术语来说，这种"自我"就是一个超级文本编辑者，它具有终极编辑权，可以决定哪些事项需要被编入关于自我历史的"迷你《资治通鉴》"。但在丹尼特看来，这种超级编辑者并不存在，因为任何一种预设超级编辑者存在的理论，都需要预设一个用以处理各种信息的"总编办公室"的存在，在这个"总编办公室"内部，还存在一个所谓的"笛卡尔式的剧场"，用以对我们的意识场进行全景式的照看。但这种预设很难得到物理证据的支持，因为我们找不到这个"总编办公室"的地址（大脑中的神经基础）。另外，在丹尼特看来，终极编辑者的缺乏也完全不会影响自我意识表面统一性的形成，因为总有一些草稿会在与其他草稿的竞争中胜出，成为定稿。对这一点的阐述，又引出了下面的论题。

论题五，哪些草稿会胜出，取决于哪些草稿会成为"探究"的内容对象，而"探究"活动本身就是一种解释活动。

需要注意的是，这里所说的"探究"的动力往往来自社会活动，而不是自我的诉求。比如，当关羽被刘备要求仔细回忆"温酒斩华雄"的过程时，如果刘备关心的是曹操给关羽倒的酒是稻香酒还是菊花酒，那么，关羽的注意力就会被引导到他在斩华雄后喝的酒的种类上，而不是斩华雄这件事上。如果刘备与张飞在未来的20年中反复询问关羽当时喝下的酒的种类，那么这种"探究"就会使关羽头脑中原本处在边缘地位的草稿"我在汜水关喝了一杯稻香酒，顺便斩了华雄"最终胜出并成为定稿。很显然，被提出的是怎样的"探究"问题，不是由意识主体，而是由意识主体之外的社会共同体所决定的。

上述论题能够立即帮助我们推出下面的论题（这也是丹尼特关于意识的理论论证的总结）。

论题六，如果我们将胜出的草稿视为"被意识到的手稿"，那就意味着意识的确是被解释出来的。

有欧陆哲学背景的读者，应当能够从丹尼特的上述意识理论中读出一些黑格尔哲学的味道。根据黑格尔的辩证法，自我意识是在与他人的互动中形成的，因此，共同体的规定会在根底上决定"我是谁"。丹尼特虽然不太引用黑格尔的论述，但是他自己喜欢使用的"他者现象学"（heterophenomenology）这个概念依然带有明显的"从他者规定自我现象"的黑格尔式意蕴。他和黑格尔可能都会赞同这样一种说法：既然自我与他人之间存在如此密切的关联，那么，从某种意义上说，我就是我们，我们就是我。

第十二夜 "乱说大实话"的是智者，还是傻瓜？

言外之力

在前一晚，我们谈到了社会对于自我的塑造作用，而社会是复杂的，要在复杂的社会环境中做到察言观色并不容易。很多人不明白这个道理，总是"乱说大实话"。关于乱说真话所导致的风险，电影《好兵帅克》可以作为一个案例。

《好兵帅克》本来是一部小说，这部小说又被译为《好兵帅克历险记》，作者是捷克作家雅洛斯拉夫·哈谢克。这部小说被多次拍成电影，而让我印象最深刻的版本是导演卡莱尔·斯泰克利于1957年拍摄的。

主人公帅克是一名参加了第一次世界大战的奥匈帝国普通士兵，他在战前是一个狗贩子，因为患有关节炎，入伍后的大部分时间是在做长官的勤务兵。电影从他的视角出发，讽刺了奥匈帝国军队在战争中的各种乱象。帅克的问题就是乱说大实话。譬如，在电影开头，还在做狗贩子的帅克听说斐迪南大公夫妇在萨拉热窝被塞尔维亚人暗杀，帅克对这件事很是兴奋，先与房东太太闲聊，又在酒馆里和陌生人谈论此事，而且像福尔摩斯一样仔细推演了斐迪南大公夫妇遇害时的各种细节，比如凶手从什么角度开枪，枪大致是哪种型号，如果他是杀手他会怎么做，等等。更有趣的是，他胡编出来的细节后来都被证明与案发现场的情况差不多。

因为他描述的细节过于丰富，他被便衣警察抓到警察局去了（斐迪南大公是奥匈帝国的皇储，作为帝国臣民的帅克对皇储的死亡如此眉飞色舞，本来就有大逆不道的嫌疑），不过他在警察局待了没几天，就又被放出来了，因为法官根据医生的鉴定，认为他是傻瓜，不需要承担法律责任。战争爆发后，他又将乱说大实话的毛病带到了部队中，结果又被当成了傻瓜。

《好兵帅克》引出的哲学问题是，为何说实话的人会被当成傻瓜呢？为了突出这一问题的尖锐性，我们不妨将《好兵帅克》与我们更为熟悉的《阿Q正传》做一下对比。阿Q老是不能正视自己的状况，譬如，他明明是被别人欺负了，却非说是被"儿子"打了，用这种扭曲真相的方法来安慰自己。但帅克并没有扭曲真相，相反，他对揭露真相有极大的兴趣，这难道是愚蠢的标志吗？

为了搞清楚帅克为何被当成傻瓜，下面我们就来分析一下两段电影对白。第一段对白的内容是帅克和房东太太讨论用哪种枪才能有效杀死斐迪南大公：

> 活儿干得可真麻利，摩勒太太，真麻利。我要是干那么一档子营生，我一定买一支勃朗宁枪；看起来像只玩具，可是两分钟里头你足可以打死二十个大公爵，不论胖瘦。不过，这是咱们说句体己话，摩勒太太，一个胖的大公爵总比一个瘦的容易打，你还记得葡萄牙人怎么枪杀他们的国王吧！他是个胖家伙。自然，一个国王也不会是个瘦子。好啦，我该到酒馆去溜达一趟啦。

在这段话里，帅克可曾在任何一种意义上扭曲真相？没有。连发的勃朗宁枪当然杀人效率更高，而胖子也比瘦子更容易被打中，一般而言，国王也的确会比普通民众胖一点儿。但大家听了这话，还是觉得有点儿不对劲，是不是？

第二段对白是当法官大人问帅克是否叫"帅克"时，帅克给出的回答。

> "想来一定是这样，"帅克回答，"因为我爹爹叫帅克，我妈是帅克太太，所以我不能给他们丢脸，否认自己的真名实姓。"

好吧，父亲叫帅克，儿子因此也叫帅克，这样的推理也没有问题，但大家是否觉得这样回答有一点儿油腔滑调呢？

要理解为何帅克的话听起来不对劲，我们需要了解英国哲学家奥斯丁对三种言语行为的区分。在他看来，语言是一种重要的社会交流工具，而我们说话的目的是在社会中做事，所以，脱离社会关系空谈语言是行不通的。

奥斯丁提到的第一种言语行为是"以言表意"，即用言辞来表达意思。比如，当我作为历史老师在课堂上冷冰冰地讲述"斐迪南大公夫妇于1914年6月28日视察奥匈帝国波黑省的首府萨拉热窝时，被塞尔维亚民族主义者普林西普刺杀身亡"时，我就是想陈述一个历史事实。我必须严格遵照历史事实陈述，比如，不能将1914年说成1915年，也不能将萨拉热窝说成维也纳，而我告诉大家这个事实也纯粹是为了让大家了解更多的知识，没有别的用意。很明显，"以言表意"是人类积累知识、不断进步所要求的基本言语行为功能。当老师向学生传输知识时，学生就得假设老师并不试图在语言的字面意思中夹杂主观意愿，否则大家就会不断猜测对方说话的真正意图，导致知识传输的效率大大降低。

请注意，按照字面意思来表达语言的含义，貌似是最基本的一项语言功能，但是该功能的实现也需要特定社会环境要素的配合。假若在一个非历史教学的环境中，我突然没头没脑地说"斐迪南大公夫妇于1914年6月28日视察奥匈帝国波黑省的首府萨拉热窝时，被塞尔维亚民族主义者普林西普刺杀身亡"，那么听众肯定会用怪异的眼神看着我，以为我在胡言乱语。这就是说，一句话要说得合适，就必须与当下的活动所提供的语境信息相互匹配。

不过，并不是所有与语境信息匹配的言语活动都是以言表意的，我们要讲的第二种与语境匹配的言语行为叫"以言行事"。顾名思义，这是指以语词为工具做事。比如，帅克对房东太太说"我要去喝酒啦，帮我带一下门"的时候，他是希望房东太太听了这话以后帮他关一下门，也就是将房东太太视为为他办事的工具——人类要协作，就要将彼此视为工具，所以叫别人做事这项活动本身并不一定意味着对别人的贬低。不过，因为在"以言行事"时，说话人通常不希望听话人会错意，所以一般而言，在"以言行事"的活动中给出的表达含义，依然与当时的语境信息相匹配。

接下来，我们再来看第三种言语行为——"以言取效"。与前面两种言语行为相比，这种言语行为有一个显著的特点：语言表达式所涉及的字面含义与周遭语境存在明显的脱节。我们用中国古代的一个案例来说明。一日，大明王朝的内阁要员徐阶得到了嘉靖皇帝的一份手谕，上写"卿齿与德，何如？"这句话的字面意思是"爱卿，你的年龄与道德是不是彼此匹配呢"，这显然是申斥的意思，那就说明徐阶最近做错了什么事。然而，徐阶反复思考，都未发现最近有什么疏漏。经过妻子的提示，他又发现了这句话的第二种解读方式："爱卿与欧阳德，谁的年纪大？"显然，这种解读更为合理。欧阳德是嘉靖二年的进士，徐阶是同年的探花，二人也是朋友。皇帝问二人的年龄，是在思考人事方面的安排，向徐阶先吹吹风，之所以写得如此隐晦，也是为了借此试探徐阶能否体察自己的意思。这也恰恰是"以言取效"这一类言语行为的题中应有之义：通过言语表达取得某种语用效果，而这种语用效果的指向，并不直接包含在相关言语表达的字面意思中。因此，听话人需要自己发掘语言表达与说话人所预期的效果之间的联系。

显然，听话人很有可能会错意，至于听话人愿意花费多少精力去思索说话人的言外之意，又取决于二者之间的权力关系。徐阶当然有兴趣去琢磨嘉靖皇帝在说什么，因为后者大权在握；但同样是皇帝，汉献帝的话就可能被曹操当作耳旁风，因为真正手握大权的是曹操自己。同样的道理，在《好兵帅克》里，对于狗贩子或勤务兵帅克的话，大伙儿自然也仅仅会从比较浅的层次去解读，并根据这种解读判断帅克是不是傻瓜。

由此，我们再来复习一下帅克在法官问其姓名时的答复。

"想来一定是这样，"帅克回答，"因为我爹爹叫帅克，我妈是帅克太太，所以我不能给他们丢脸，否认自己的真名实姓。"

请注意，一般人在被问及自己的姓名时，不会做推理，因为这是每个人的基本信念系统中的最基本的信念，是完全不需要推理的，而帅克竟然要通过推理才能获得关于自己名字的知识，对于这一点，听话人应当如何解释呢？

　　如果帅克是一个大人物（比如某个公爵），他的这番回答定然会促使听话人思量其中隐含的意思，并试图通过这种补足使得帅克不像是傻瓜。譬如，可以这样重构帅克真正的意思：说话人可能最近得到了一些新的证据，证明他或许不是他名义上的父亲的亲生儿子。但正如我们所知，帅克不是什么大人物，因此，余下的解释就只剩下两项了：第一，帅克真的是傻瓜；第二，他通过装傻来戏弄法官。至于电影中的法官本人，大约倒是在心里排除了帅克戏弄自己的可能，因为帅克说话时一脸纯真，一点都不像是在骗人。但是为了以防万一，法官将判断此人是不是傻瓜的责任推给了精神科医生，而医生则集体判定帅克是一个傻瓜，于是他就被释放了。

　　但帅克真的是傻瓜吗？他是否装傻装到了一定境界，以至于可以系统性地戏弄奥匈帝国的那些公务员呢？这个问题小说与电影都没点透，需要观众自己去想。但有意思的是，如果帅克确实在极力装傻，那么，他的上述言语行为就是一个非常复杂的"以言取效"行为，换言之，他通过装傻让别人认为他是傻瓜，由此起到系统性地戏弄帝国官僚的效果。

　　我们回顾一下帅克对房东太太说的话以及在酒馆里说的如

何更有效地杀死奥匈帝国达官贵人的话。帅克的话其实有四层意思。第一层就是按字面意思表达语义：用什么枪行刺最有效。第二层则是浅层次的"以言取效"：让大家猜测帅克本人也想刺杀这些大人物。第三层则是深层次的"以言取效"：让听众觉得当众说出这个意图的人大概就是一个傻瓜。第四层是通过让别人认为自己是傻瓜戏弄那些官僚。很显然，按照第四层意思来解释，帅克就不是傻瓜。

不过，精神科医生不是已经鉴定帅克是傻瓜了吗？并且，我们在讲《纽曼军医》时不是也已经提到，在判断一个人的精神状态时，精神科医生的话是相当权威的吗？为何在电影《纽曼军医》里，纽曼的诊断十分可靠，而在电影《好兵帅克》里，奥匈帝国的医生的话又不靠谱了呢？

这是因为两部电影的类型完全不同。《纽曼军医》虽然略带喜剧成分，但总体上来说是一部正剧，它要反映典型的医生与典型的病人的行为逻辑。因此，在这部电影中谁是病人，谁是健康人一目了然。但《好兵帅克》是讽刺性的喜剧电影，作为讽刺性电影，它要对现实生活中的人与现象做出艺术化的变形。其实，一个人日复一日地在所有人面前装傻而不被点破，几乎是毫无可能的。电影里有一个桥段：在军事列车上，帅克向列车员讨教如何让火车紧急刹车，结果顺手拉了刹车闸，将车停下来了。帅克这么做，又为"帅克是傻瓜"这一成见提供了证据，而在现实生活中，他恐怕会被当作破坏军事运输的敌方间谍当场枪毙。不过，小说与电影的主创人员之所以呈现这一情节，可能也是在暗示，奥匈帝国的军事系统已经愚蠢到无法辨别破坏者与傻瓜了。当然，这又是一个更深层次上的"以言取效"了。

同样是喜剧电影，为何《一个头两个大》的主人公查理的精神状态没有遭到任何质疑呢？为何大家会质疑帅克是否真的是傻瓜呢？

这是因为两部电影的创作动机不同。《一个头两个大》的核心思想非常明确：一个人即使患上了"分离性身份障碍"，只要他内心善良，就也依然可以履行公职，并获得爱人的心。当然，主创团队也希望通过这部电影减少乃至消除大众对精神病患者的歧视，这也符合好莱坞"政治正确"的主旋律。不过很明显，这部电影并不包含对于当代美国整体社会架构的批判性反思。《好兵帅克》的主创者则是在试图思考一些更深刻的问题：捷克人在一个以德语为官方语言的奥匈帝国架构里，存在意义为何？个体如何面对荒谬的战争机器对无辜生命的吞噬？请注意，这两个问题所指涉的政治结构的纠缠会造成荒谬的结果：一个以贩狗为生的捷克青年，仅仅由于是奥匈帝国的公民，就要因为奥匈帝国的皇储在遥远的萨拉热窝被塞尔维亚人刺杀被调到俄国前线，与跟自己完全不相关的俄国小伙子交战。好吧，至少我们要承认，《一个头两个大》里的警察查理并没有面对这种系统性的荒谬，他所遇到的黑恶势力是某种局部现象，而帅克恐怕就只能用自己行为上的系统性荒谬来对抗奥匈帝国军事机器的系统性荒谬了。

既然我们已经通过对《楚门的世界》的解读了解到，一个人要系统性地欺骗别人几乎是不可能的，那么，帅克若真是在系统性地装傻，他又是如何做到这一点的呢？

其实，帅克的方法非常简单：他没有在字面意义上撒任何谎，因此，他不必像《楚门的世界》里的摄制组那样，费心搭建一个假村镇，他只是广泛地使用"以言取效"的言语行为，通过"乱说大实话"的行为给听众的意蕴解读制造障碍，由此实现消极反战的目的。不过，帅克的例子也从一个角度向我们证明，人类社会的复杂性会倒逼我们的语言功能不断丰富。正如维特根斯坦的一句名言："瞧啊，这里有一片语言的浪涛正涌上来！"

第十三夜　所有的规定都荒谬，该怎么面对生活？

犬儒主义者

有时候，我们所面临的社会架构的确充满了系统性的荒谬。狗贩子帅克在1914年面对的就是这种由奥匈帝国的怪异构成方式所造成的荒谬：他作为一名捷克青年，竟然要因为一个塞尔维亚人杀了一个奥地利人，被派去与俄国人打仗。面对这种荒谬，帅克的抵抗方式是乱说大实话，并通过实话与实话之间的语义联系达到启发听众反思的语用效果。这样的思路影响了一位叫约瑟夫·海勒的美国作家。海勒读过英文版的《好兵帅克》，他本人在二战时也曾在美国的轰炸机部队服役，见过兵营里的种种怪异现象，他下决心写一部美国版的《好兵帅克》，并向原著致敬，没想到由此写出的小说《第二十二条军规》名气比《好兵帅克》还要大。影视界也注意到了这部小说的改编价值。1970年，同名电影在美国上映，导演是迈克·尼科尔斯；2019年，同名电视连续剧在美国 HULU 电视频道播放，这个版本的导演是乔治·克鲁尼。这一部电视连续剧还获得了第二十六届上海电视节最佳海外剧奖。

《第二十二条军规》说的是这样一则故事。第二次世界大战快结束的时候，一支美国的轰炸机部队驻扎在一座名为皮亚诺萨的小岛上。在岛上当轰炸手的约塞连上尉（小名"悠悠"）面对一次次在轰炸任务中有去无回的战友和在上级要求下不断增加的飞行次数，日日像惊弓之鸟。他向医生询问合理退出轰炸部队的方法，而医生告诉了他"第二十二条军规"，其内容如下：如果你精神错乱，就可以提出申请退出战斗部队，但如果你能流畅地用书面形式提出这一申请，你的精神自然就没有错乱，而你也要继续战斗。很显然，这是一个逻辑上的死循环。

"第二十二条军规"现象之所以能够引发很多人的共鸣，是因为职场上类似的套路也很多。比如，不少企业的人力资源部都规定只招收有经验的员工，但问题是，职场新人必须先入职一家企业来获得初始经验，而企业在招聘时又不会雇用新人。

现在，我们要从哲学的角度对"第二十二条军规"进行分析。从字面上看，这条军规的内容似乎没有问题，士兵精神有问题自然不能执行战斗任务，而发现自己精神有问题后，士兵自然需要上报，但为何这样一条符合常识的规定包含了无法被消除的逻辑谬误呢？

"第二十二条军规"包含的逻辑谬误就是对关键词含义的混淆。在这条军规中，相关的关键词便是"精神错乱"。精神错乱显然可以分为不同的程度与类型，因此，并不是所有的此类疾病都会使得患者失去写申请书的能力。换言之，若一个患者的确写出了这样一份申请书，那也只能说明他的精神状态还没有糟糕到无法陈述自己精神状态的地步，而并不意味着他的精神状态足以执行轰炸任务，因为执行轰炸任务所要求的精神健康程度要远远超出写申请书所要求的精神健康程度。由此看来，"第二十二条军规"的制定者是将不同类型、不同程度的精神错乱混为一谈。这种做法就像是在跳高运动员起跳的瞬间突然升高横杆一样。这当然是一种隐形的作弊。

不过，上面的分析其实还停留在本书第一部分"论证"的层次上。我们的确了解了如何进行论证、做逻辑分析，但没讨论如何应对社会规则本身常常包含逻辑谬误这一问题。悠悠究竟该怎么做呢？他能明确地告诉长官这条规则有逻辑问题吗？这是没用的，正如帅克即使不想打仗，也绝对不能对长官明说"我是捷克人，为何要为奥地利人打俄国人"一样。

为何没用？这是因为，荒谬的规则实则依靠权威的利益加以维持，而个体在这种权威面前几乎毫无力量。以《第二十二条军规》中的三个片段为例。

片段一：长官随意解释规则。一次，悠悠带着整支轰炸机部队去炸德军控制的一座桥梁，而他作为领航员，必须第一个投弹。但是，在面对德军密集的炮火时，悠悠看到一名战友的身体在空中被打断，精神受到冲击，错过了轰炸目标。自知闯祸的悠悠为了弥补过失，主动要求第二次攻击大桥。这一次，因为所有战友都将炸弹丢错了地方，悠悠就成了摧毁大桥的唯一希望，而他所在的飞机也成了几乎所有德军高射炮的靶子。最终，大桥被炸毁，悠悠飞机上的后机枪手也牺牲了。按照常识，悠悠必须为战友的牺牲负责（他本人也这么认为），但是部队的指挥官卡斯特斯为了给整个部队添彩（当然也是为了给长官自己添彩），这样描述了悠悠的行为："约塞连上尉眼见敌桥未被摧毁，第二次驾驶飞机进入敌军防御火力网，不顾危险，英勇投弹，最终摧毁目标，实为我军将士之楷模。"于是，悠悠糊里糊涂地拿到了勋章。从此事来看，部队的奖惩规则完全可以根据长官的利益被随意篡改。

片段二：长官的意志被机械化，然后变成无人情的规则。这个案例与"少校·少校"有关。有一个新兵，姓"少校"，名"少校"，别人在喊他名字的时候，就好像是在喊他的军衔。更好笑的是，他的名字在录入计算机时被弄错了，他被当成了真的少校，而上级发现这个错误后，为了保住面子，将错就错，授予了他少校军衔。按理说，录入计算机的信息出现错误并不少见，把它改过来就是了，为何长官将错就错呢？这是因为机械的规则会在某些人权力的操控下变得更为机械，正如有些严格的规定会在权力的支配下变得非常随意一样。

片段三：两个权威彼此冲突，导致对规则的解释不断变化。譬如，轰炸机部队的领导卡斯特斯在看到军士轰炸罗马的照片后大发雷霆，指责手下放着这么大的一片建筑都不去炸。这时候他身边的副官忍不住了，说："长官，那不是目标，那是梵蒂冈，是另外一个国家。"于是卡斯特斯立即改口，盛赞手下明事理，在执行战斗任务的时候还知道恪守国际法，维护非交战国的利益。那么，一向骄横跋扈的卡斯特斯为何对下属服软呢？这是因为他即使再愚蠢，也还知道擅自轰炸梵蒂冈会斩断他的官途——他会惹毛那些他根本得罪不起的华盛顿的政治权威。因为害怕得罪层级更高的权威，他恬不知耻地在几秒钟内改变了对一件事情的评价规则。

那么，既然在面对有权力加持的悖谬现象时，说理是没用的，为何我们还要学批判性思维和逻辑呢？这难道不是在学屠龙之术吗？

不是的。逻辑会帮你厘清思路，而是否要把你发现的逻辑说出来、对谁说、说几分，要靠社会常识。我们要防止走两个极端：一是，将想清楚的事不分场合地全部说出来；二是，因为发现说理没有效果而停止批判性思考。至于如何在权力运作的框架下让逻辑思维有用武之地，可以这样讲：如果你知道权力自身运作的逻辑，那你就能利用它为自己获取利益。在《第二十二条军规》里，体现这种思想的是军需官米洛这一形象：

他揣摩透了长官的脾气，从而利用轰炸机的空余舱位做起了走私生意，大发战争横财。

也许有的读者会质疑：这难道不是主张与黑暗和解吗？若是跟着战争的节奏获取私利，人类的道义又如何体现呢？需要注意的是，从哲学角度看，道义问题属于伦理学范畴，而逻辑问题属于逻辑学范畴。因此，一个人在掌握了权力的运作逻辑后，究竟是选择为道义服务，还是选择为私利服务，与逻辑自身无关。譬如，明朝的严嵩掌握了权力逻辑后为自己牟利，徐阶则在掌握了同一套逻辑后扳倒了严嵩，从道德上看，后者显然高于前者，但就对于权力的逻辑理解而言，他们都是高手。从哲学角度看，在悬置善恶的前提下中立地讨论权力逻辑的流派，就是"马基雅维利主义"。大家不用看到这个名词就产生厌恶之心，因为这种主张无非就是强调：权力的逻辑就像流体力学一样中立。敌人的战斗机想飞起来，要符合流体力学原理，而我方的战斗机要飞起来，难道就能违背物理原理吗？

如果说《第二十二条军规》中的军需官米洛是一个马基雅维利主义者，那么主人公悠悠的哲学立场是什么呢？

我给他贴上的标签是犬儒主义。"犬儒主义"这四个字在汉语里面会造成某种误解，好像信奉这种学说的人过着狗一样低贱的生活。其实，"犬儒"一词并不是这个意思。下面是其学派名称来源的一种说法：犬儒学派的创始人安提斯泰尼（Antisthenes）经常在一个叫"居诺萨格"（Kunosarges）的体育场中讲学，而"居诺"（Kuno）在希腊语里面就是"狗"的意思，传来传去，他所开创的这个学派就被叫作"犬儒学派"了。不过，这也只是"犬儒"名称来历的一种说法而已。犬儒主义的核心思想，就是要追求内心的自由，与世俗规则保持一定的距离——我斗不过你，但我至少可以躲起来。不过，"自由"又是一个容易被误解的词语。很多人认为"自由"指的是"随心所欲"，譬如，想吃澳洲龙虾就去吃，想去马尔代夫度假就立即去订机票。但犬儒主义者说的"自由"主要是指按照本心生活，不因为照顾别人的情绪掩饰自己的感情。据说，有一次犬儒主义的代表人物第欧根尼躺在雅典的马路上，亚历山大大帝恰好从其身边经过。亚历山大大帝爱附庸风雅，看到哲学家躺在街边，自然要凑过去嘘寒问暖，没想到第欧根尼竟然对他说："年轻人，麻烦你挪一下身子，你现在挡住了照在我身上的阳光。"想想看，一位无权无势的哲学家，竟然敢对当时整个地中海世界权力最大的年轻人这样说话，但在犬儒主义者看来，这就是他们真情实感的表达：他们宁可多晒一分钟雅典的太阳，也不想多花一分钟去巴结那些社会名流。《第二十二条军规》中的悠悠便是这样的人。他面对蛮横的长官，也始终是一副吊儿郎当的样子，而且毫不掩饰地与军医讨论摆脱军事责任的方法，这就是他的本然状态，他不想装。在完成前面提到的那次轰炸任务后，他虽然得到了勋章，却一直因为战友的牺牲而自责，甚至还为了完成战友的生前嘱托去找战友在罗马的心上人。他为何这么做呢？这是因为愧疚是他确然感受到的情绪，他不想因为一枚破勋章背叛自己的感情。

然而，一个成熟的社会人难道不应当分清想事情的逻辑与做事情的逻辑吗？悠悠如此不掩藏自己的情绪，是不是一种不成熟呢？

不是的。实际上，悠悠采取的是一种与马基雅维利主义者不同的应对社会规则的方法。马基雅维利主义者利用他们掌握的权力逻辑知识为别的目标服务（这些目标可以是低俗的，也可以是高尚的），而犬儒主义者知道了权力运作的大致逻辑后，采取的是一种消极后退的态度：他们开始拉开与权力的距离，寻求心灵的安宁。《第二十二条军规》中，一丝不挂地坐在轰炸机透明座舱里执行任务的悠悠，便是一个在现代战争的暴虐中试图寻求心灵安宁的典型古典犬儒主义者的形象：我无法改变这场战争的逻辑，但我有脱光衣服执行任务的自由。通过这种对自由的实践，他完成了对战争的反讽。

第十四夜　意外事件到底能不能躲开？

偶然性织就的命运

社会规则能给人带来对稳定性的预期，而社会的复杂性就在于，很多因素会削弱此种预期。削弱这种预期的形式主要有三种。

第一，某些权力机制会完全撕毁旧的规则，按照自己的想法重新制定游戏规则。譬如，电影《辛德勒的名单》就向我们展示了纳粹政权是如何系统性地剥夺犹太人的公民权、财产权与生命权的，而这些权利在魏玛共和国时期都已经得到了法律的保障。很显然，纳粹党掌握政权后，德国人进入了一个可以随意破坏规则的世界。

第二，字面意义上的规则依然存在，但是其含义被按照权力的意志随意解释，就如电影《第二十二条军规》中所展示的那样。

第三，规则本身依然存在，且暂时没有遭到权力的扭曲，但当事人遭遇了命运中的某种不可抵抗的因素，其预期因此没有被满足。这种因素就是所谓的"偶然性因素"。

《金牌制作人》便是一部对偶然性因素加以全面戏剧化阐释的电影。电影说的是这样一则故事。百老汇制作人马克斯·比亚里斯托克囊中羞涩，一直想找机会发财。会计师里奥·布鲁姆给他出了一个馊主意，即故意排演一部失败剧目，而后卷走剩余的经费。比亚里斯托克决定采纳布鲁姆的计策，于是两人开始找烂剧剧本，找到了音乐剧剧本《希特勒的春天——阿道夫和爱娃的情爱乐趣》。这部音乐剧不可能成功的原因之一是，其创作者弗朗茨是个新纳粹分子，他在创作中带有强烈的政治偏见。糟糕的且政治不正确的剧本确定之后，比亚里斯托克和布鲁姆又找到了不入流的导演罗杰与缺乏表演经验的女演员尤拉，保证音乐剧上演后绝对失败。接着，主创团队又舌灿莲花，从市场上募集了不少资金，并试图找机会卷款潜逃。

但此剧上演后，让人震惊的反转出现了：几乎没有剧评人认为这是一部为纳粹张目的电影。在剧评人看来，为纳粹张目的做法过于明目张胆，所以，如果有人要表现希特勒与爱娃的感情，那肯定是在反讽。于是，剧评人按照这个思路解读，然后越来越觉得这是一部反讽剧，也越来越觉得剧中的那些拙劣的台词与表演设计都是具有深刻含义的反讽。

这样一来，主创团队本来的愿望反而落空了：料定会失败的一部剧，竟然成了市场上的火爆产品。所谓"树大招风"，警方也注意到了他们，在搜查主创团队的办公室时，警方发现了两个账本，一个账本上写着"给国税局看的账本"，另外一个账本上则写着"永远不要给国税局看的账本"。结果，比亚里斯托克、布鲁姆和弗朗茨都因为偷逃国税而锒铛入狱。

与《好兵帅克》和《第二十二条军规》不同，《金牌制作人》所展现的社会根本秩序并没有失范：警察在做警察该做的事情，法律也在做法律应当做的事情。出现问题的是预期与社会反应之间的关系。请注意，这里所说的预期并不是比亚里斯托克的预期，毕竟，任何一个有社会常识的人都会与他有同样的预期：烂剧本、烂导演、烂演员，三方合作，只有失败。正是因为比亚里斯托克的预期就是一般人的预期，他才愿意冒这个险，用不入流的剧本做掩护去骗投资人的钱。

但所谓"无巧不成书"，众多的"烂剧"要素凑在一起，发生了奇妙的化学反应。剧评人过度解读了创作人的创作意图，将一部偏激的纳粹音乐剧解释成了一部反讽剧。不过，造成这种情况的仅仅是巧合吗？

这当然是巧合，但是，若说什么"仅仅是巧合"，便是小看了偶然性因素在人类社会中所扮演的角色。实际上，关于偶然性因素的哲学意义，日本哲学家九鬼周造在其博士论文《偶然性的问题》中做出了一番别样的解释。一般人认为，偶然性因素是在必然性规则（自然规则与社会规则）边缘的"捣乱因素"：在大多数情况下，起关键性作用的还是那些必然性规则，只有在特定情况下，偶然性因素才会被凸显出来。但九鬼不这样认为。他提出，偶然性因素才是人类历史与社会最鲜活的生产性源泉，而所谓的必然性，只不过是某些历史上的偶然因素经过积累所形成的惯性，这种惯性在一开始是不存在的。

这样说可能还是太抽象，我们还是回看《金牌制作人》。其实，这个故事本身就缘起于偶然性。像比亚里斯托克这样不成功的制作人很多，但是想到通过制作烂剧来圈钱的人不会太多，毕竟，更多的人还是会遵守法律法规。比亚里斯托克之所以偶然地想到这个歪主意，是因为他偶然遇到了心术不正的会计师布鲁姆并被他蛊惑。有人或许会说，假若他是正人君子，就不会被蛊惑了，但问题是，社会中不是有很多人像这位制作人一样，处在某种摇摆不定的状态吗？假若比亚里斯托克这时候遇到的不是一个心术不正的会计师，而是一个非常有潜力的新剧本，他为何还要冒险呢？如果他遇到的是后者，这就会是完全不同的另外一个故事了。所以，一个落魄的制作人与一个一肚子坏主意的会计师的偶遇，就是令整个故事得以产生的"生产性源泉"。

此外，使这个故事出现反转的主要动力，依然来自偶然性，尤其是剧评活动中的偶然性。关于这一点，也有两种解释方式：一种是基于语言哲学资源进行解释，一种是基于形而上学资源进行解释。我们先来基于语言哲学资源做出解释。回想一下，在谈论"言语行为"的时候，我们提到了"以言取效"这个概念，同时指出：说话人的意图能否被听众正确接收，取决于二者之间隐蔽的权力关系。譬如，徐阶之所以不太可能误会嘉靖皇帝的意思，不仅是因为徐阶很聪明，还因为他在权力架构中的隶属性地位使他不得不花费最大的力气揣测皇帝的意思。在这样的权力架构中，偶然性因素的活动空间被限制了。但是在剧评家的剧评活动中，偶然性因素所占据的空间被显著扩大了，因为对百老汇的三流制片人来说，剧评人是决定他生死的"神"，而"神"自然不用太在意自己是否会误解"凡人"的意思。在评论一部貌似制作不佳的作品时，剧评人有选择的自由：是将其按照表面的意思批判得一文不值，还是通过解读将其夸赞为一部杰出之作。影响剧评人选择的，甚至有可能是与作品毫不相干的理由，例如，最近剧评周刊上批评性的文章太多，需要一篇正面表扬最近剧作的文章。

现在，我们再从形而上学的角度解释剧评内容的产生过程（"形而上学"是对世界本然当有的结构的研究，而不是对人类如何言说这一结构的过程的研究）。从这样的角度看，促使如此正面的剧评出现的偶然因素，与剧评家的理解活动关系不大，因为最后的成品的确是一部不错的戏剧，任何正常的剧评家都会做出这样的评价。这部戏剧的客观演出效果之所以与主创人员的本意产生了背离，不是因为观众或剧评家的感想和评论，而是因为一些偶然因素在客观世界的出现。举一个与之类似的例子：在动画片《大闹天宫》中，太上老君确实有用炼丹炉烧死孙悟空的主观意图，但由于某些太上老君本人所不能控制的偶然因素在客观世界中的出现，孙悟空非但没被烧死，还意外地炼出了火眼金睛。同理，在比亚里斯托克将各种"烂剧"元素拼凑在一起的时候，一些在他意识之外的偶然因素的出现，亦使得这部本该成为"烂剧"的音乐剧成了"神剧"。另外，还有一个证据可以证明，将这部音乐剧定位为反讽剧是基于客观事实，而不是某个人的私见：就连创作者弗朗茨本人看了这部剧后都认为它完全歪曲了剧本的原意。

那么，到底是什么因素使这部剧大获成功了呢？或许，各种拙劣元素的化学反应反而构成了一部杰作。譬如，仅看剧本，这的确是一部为纳粹张目的偏激政治剧，但如果再找一个演技蹩脚的演员，大多数观众就会认为这是在讽刺希特勒，从而背离剧本的原意。

怎样调配"烂剧"的元素才能烹饪出"神剧"，关于这一点没有放之四海而皆准的方法。各种偶然性元素充斥着二十世纪以来的影视史：有多少被寄予厚望的作品，演出后反响平平，而又有多少作品"无心插柳柳成荫"。

偶然性因素既然意味着对可预期性的背叛，其存在本身就自然会对个体计划的落实构成巨大威胁。所以，纵然有些偶然性因素会带来好处（譬如，假若比亚里斯托克没有制定通过烂剧圈钱的荒唐计划，作品大卖本是件大好事），人们也还是会出于追求安稳的天然心理系统性地排斥偶然性。但究竟是否应该排除这种偶然性呢？在这个问题上，九鬼周造给我们浇了一盆冷水：偶然性是在世间存在的无法消除的基本要素。换言之，我们就算掌握了所有的自然科学与社会科学知识，也依旧无法消除偶然性。譬如，我们就算知道受到核辐射后得癌症的概率会大大增加，也知道某人因为受到核辐射得了癌症，我们也还是无法回答这样一个问题：为何这个倒霉的人在那一天去了切尔诺贝利呢？他本来是应当去莫斯科的，但因为一件琐事临时决定改去切尔诺贝利。我们再问：为何这件琐事恰好发生在切尔诺贝利事件的前夕呢？很显然，这样的问题是科学无法回答的。

由此联想下去，我们还会发现一些更大的偶然性对命运的影响。为何二战中，长崎被原子弹轰炸了？那是因为原先的目标小仓的上空偶然地云层过厚，美军轰炸机没有办法瞄准，只能飞向备选目标长崎，而就在此时，长崎上空的云层偶然地裂开了一条缝隙，并由此偶然地给美国人提供了一个瞄准的机会。

我们这些个体似乎是在偶然性的浪涛中拼命求生的小舟，而我们个体的努力与偶然性的恐怖力量相比，实在是太微不足道了。请注意，也正是在这个尺度上，偶然性与必然性产生了相似性：我们知道，一个人永远不能通过抓自己的头发将自己提离地面，因为这违背了物理学的必然性，同理，一个普通的长崎市民也无法对抗原子弹轰炸的到来，因为他面对的是力量巨大的偶然性。换言之，就个体在其面前无能为力的状态而言，必然性与偶然性在这里成了彼此类似的形而上学要素。在日常语言中，这种带有必然性外观的偶然性，就叫"命运"。命运一方面是必然的，因为它不可抵抗，另一方面又是偶然的，因为任何基于必然性的解释都无法消解它。也正因为它无法解释，它才显得更加狰狞恐怖。可以被理性解释的外部力量有被控制的可能，而无法解释的力量则是根本无法被控制的，也因此更为可怕。

由此，我们发现了威胁人类社会安定的三个因素：对规则的任意破坏、对规则的任意解释，以及无所不在的偶然性因素。相比于前二者，第三个因素更为恐怖。这是因为，我们尚且可以设想通过驯服权力来阻止其任意破坏与解释规则，但即使我们达成了这些目标，我们也依然无法躲避那些无孔不入的偶然性因素对我们的攻击：偶然袭来的疾病、偶然袭来的天灾，或者是偶然产生的误解。九鬼周造告诉我们：承受这种偶然性，就是我们人类必然要担负的命运。

但这是否意味着人生的本质就是一出悲剧呢？毕竟，无论如何努力，努力获得的一切都可能被外在的偶然性力量摧毁。如果我们这样解读九鬼周造的哲学，我们就还是在"必然性"

的圈子里打转，因为依照这一思路，人生注定是一出悲剧。真正基于偶然性的思维方式会促使我们这么说：我们连自己是否注定会白白努力都不知道。某些偶然的力量，曾经将一些没有做出过巨大努力的人推向历史的高位，譬如，被西汉权臣霍光偶然看中的海昏侯刘贺，偶然地成了大汉天子。由此看来，偶然性既可能带来巨大的灾难，也可能带来巨大的惊喜，而偶然性自身所具有的双重属性相互作用，就使得一种基于偶然性的叙事既不是纯然悲剧性的，也不是纯然喜剧性的，而是反讽性的。

反讽是一种与偶然性相匹配的修辞手段，它是我们人类为应对外部不可控因素而创造的一种心理平衡术——既然外部世界充满了偶然性，那自己不妨也引入微观的不可控性，也就是通过说反话让自己对世界的反叛无法在一条必然性的轨道上被理解。唯有如此，个体才能达成与世界的暂时和解。从这个角度看，反讽不仅是一种修辞手段，还是一种人生哲学。昨晚介绍的犬儒主义，就是这种人生哲学的最典型体现。基于这种思维方式，《第二十二条军规》里的悠悠虽然无力与军法体系的荒谬性对抗，却可以通过裸体执行任务完成对这个体系的反讽。不过，原始版本的犬儒主义哲学并不包含对于令自身生活态度得以产生的形而上学根基的追问，而这种追问恰恰经由九鬼周造的偶然性哲学得到了重要的补充。

第十五夜　为什么爱吃夜宵的人更幸福？

伊壁鸠鲁主义

现在，我们已经了解了社会关系的高度复杂性，以及社会变动的高度不可预期性，那么，脆弱的个体要如何在命运的大潮中减少自身所受到的伤害呢？在已经受伤的情况下，又该如何疗伤呢？

一种方式是学刺猬，这是犬儒主义的做法，即用反讽与不屑的态度对社会的残酷加以冷嘲热讽。

另一种方式是做一个快乐的享乐主义者，即抓住自己能够抓住的一切眼前的幸福，尽量搜集人世间的点滴美好。这种立场在哲学上被称作"伊壁鸠鲁主义"。总而言之，快乐一天也是过一天，不快乐一天也是过一天，何必总是挂念着已经花掉的3 000元钱，而不将自己还有的300元钱再数一次呢？数一次不够，那就再数三次。

不过，要做一个真正意义上的伊壁鸠鲁主义者并非易事。很多人误以为享乐主义就是指吃最贵的美食、坐最贵的豪车，或者去旅行的时候每次都住总统套房。错了！按照哲学家伊壁鸠鲁的观点，这样反而会让你无法享受人生。这是为什么呢？下面就是伊壁鸠鲁主义者的论证。

奢侈的享受显然会耗费大量的财富，或至少牵涉更复杂的社会关系。譬如，就算你继承了大笔遗产，大手大脚的生活习惯也还是会让你陷入各种烦恼，因为你的享受过于复杂，你的享受活动更容易被外界的偶然因素破坏。有点儿社会常识的人都知道，如果你今天运气不好，有钱也不能立即解决问题。迷信金钱万能的人比一般人更不能接受偶然性因素对预期的破坏，所以，他们或许会比一般人过得更不幸福。

那么，伊壁鸠鲁主义者的享乐秘诀是什么呢？

第一，伊壁鸠鲁主义者会寻找简单的食物与居所带来的那些微小的幸福。通常，消费者不会对廉价的食物与居所抱有太高的预期，所以，一旦从中获得了正面的精神体验，这种体验就会被放大。伊壁鸠鲁主义者会在每一粒米饭、每一颗豌豆里寻找美食的真谛，并悬置自己对鲍鱼与熊掌的欲望——那些过分的欲望实际上会将人拉入失望与痛苦的漩涡。

第二，伊壁鸠鲁主义者会寻找关于友谊的轻资产，而不是关于友谊的重资产，因为后者的负担太重，不会让人真正幸福。什么是友谊的重资产？就是刘关张那样的友谊，没事就在一起思考如何匡扶汉室。那什么是友谊的轻资产？就是一起追求简单的幸福与快乐，比如，没事就和朋友聚在一起考虑如何做宫保鸡丁。

当然，在这里我是故意简化了伊壁鸠鲁哲学中比较晦涩的部分，比如原子论。与另外一个哲学家德谟克利特一样，伊壁鸠鲁认为世界上的万事万物都由原子构成，人类自己的精神活动甚至也最终落实为"灵魂原子"的物质运动。

那么享乐主义与原子论有什么关系呢？难道今天的原子物理学家都是享乐主义者吗？

二者之间的联系要追溯到古希腊时代。那时候，大多数人相信世界上有神灵，也相信人有灵魂，比如，苏格拉底与柏拉图这两位著名的哲学家都相信人的肉体会死，而灵魂不死。但是，伊壁鸠鲁认为，人一旦死亡，组成人的肉体的原子大军就溃散了，哪里还有灵魂。一个不相信灵魂不朽的人会相信什么呢？他只会相信当下的感觉。当下的感觉在哪里？在你听到的每一段动人的旋律里，在你吃到的每一块羊排里。从这个角度看，享乐主义者的人生态度是由复杂的形而上学观点支撑的。

不少关于美食的影视剧隐含着伊壁鸠鲁哲学的思想。日本美食题材电视剧《孤独的美食家》开头的一段话，便是对伊壁鸠鲁主义思想的鲜活注解：

不受时间和社会的限制，幸福地填饱肚子的时候，在短暂的时间内，他是随性而自由的。不被任何人打扰，毫无顾忌地吃东西是一种孤傲的行为。这种行为是现代人被平等赋予的最好的治愈。

　　这段话的意思再清楚不过了：现代社会的巨大压力倒逼我们寻找一个安全的避风港，而这个避风港就是饭桌。在这个避风港里，关于社会如何运作的宏大叙事架构已经被我们屏蔽，因此，我们的社会身份与社会烦恼也都被悬置了，留下的仅仅是我们的味蕾与我们所面对的意面、三文鱼或是麻婆豆腐。不管是公司的领导还是临时工，在美食面前，人人暂时平等。

　　当然，这种平等之所以能够实现，也是因为在生产力高度发达的今天，享用能够带来幸福感的美食已经不再是少数人的特权。与之相比，在伊壁鸠鲁的时代，这样的平等并没有真正实现，因为当时的奴隶显然不太可能吃得和自由民一样好。尽管如此，对落魄的人来说，寻找美食的难度也远远小于改变世界的难度。以苏东坡为例，公元1080年，苏轼被贬湖北黄州，担任团练副使，这个官职很低，而苏轼经历"乌台诗案"后，已变得心灰意冷。无力改变宋朝的宏观政治局面，他带领家人开垦了城东的一块坡地，种田帮补生计。"东坡居士"的别号便是苏轼在这时起的。在黄州期间，他亲自动手烹饪红烧肉并将经验写成了《猪肉颂》："净洗铛，少著水，柴头罨烟焰不起。

待他自熟莫催他，火候足时他自美。黄州好猪肉，价贱如泥土。贵者不肯吃，贫者不解煮。早晨起来打两碗，饱得自家君莫管。"

苏轼能在简单的食材里得到乐趣，靠的是一种哲学的态度，这种态度能使人在细微中发现宏大的旨趣，正如伊壁鸠鲁在原子的组合离散中领悟了人生的奥秘一样。另外，如果一个食客同时是一个像苏东坡那样的美食开发者，那么，他还能通过双手验证自己对外部世界的改造能力，由此获得自尊。今天，几乎没有中国人在乎贬逐苏东坡的宋神宗到底是个怎样的皇帝，但在吃东坡肉的时候，人们会想起苏东坡。这就是美食的魅力，也是美食的尊严，这同时也是享乐主义者的尊严。

在亚洲范围内，将美食与人生相关联的最有影响力的影视作品，莫过于《深夜食堂》。《深夜食堂》系列漫画于2006年10月在杂志《Big Comic Original 增刊》上初次发表，原作者为日本漫画家安倍夜郎。2009年10月，由漫画改编成的电视剧在日本上映。后来，这部电视剧又被翻拍成了电影。

这部电影讲的是，在高档美食店林立的东京，有一家不起眼的深夜食堂。老板的本名、出身、经历全部不明，他左眼有像刀伤的疤痕，约二十年前，他接下食堂的店面成为第二代老板。这家小店每天午夜12点才开始营业，菜单十分简单，东西也卖得很便宜。

每位客人限点三杯酒，至于食物，只要是老板可以制作的，就都可以下单。故事以这间只在深夜营业的食堂为舞台，展现了老板与客人间的交流。

小店为什么在深夜营业呢？东京饭馆一天里竞争最激烈的时候，就是下班后的那段时间，彼时，上班族会转战居酒屋，和同事喝酒。因此，这时候去吃饭的都是有工作的人，但是这并不是伊壁鸠鲁主义者所乐见的那种享乐，因为其本身也是一种工作：你得在同僚面前察言观色，无法放开自己。

但是，在深夜时分吃的就不是晚饭，而是夜宵了。夜宵的哲学地位非常有趣，很能体现日本哲学家九鬼周造的偶然性的哲学。一日三餐是必吃的，这是一种社会规范，同时也受生物学规律的制约。人在吃一日三餐，特别是工作餐的时候，自由感相对较少，常常会觉得自己只是在尽义务——人总得活下去，所以得吃三餐。

吃夜宵就不一样了。夜宵是可吃可不吃的。要吃夜宵的人，大约是睡不着。睡不着，大约是有事。有事睡不着对健康不利，按照伊壁鸠鲁主义者的观点，这会影响享乐的质量。这时候，深夜食堂的存在就十分有必要了。在深夜食堂里，食客可以用美食平复紊乱的心绪。食客可以相互聊天或者和老板聊天，由此缓解情绪，甚至找到解决问题的办法。另外，食客吃饱后更容易入睡，失眠的问题也顺便被解决了。

特别值得一提的是深夜食堂里的聊天环节。这部电影之所以是一部真正的电影，而不是美食"打卡"纪录片，是因为食客们的聊天内容展现了日本社会的各个面相。需要注意的是，聊天活动的存在本身就预设了聊天对象的存在，也预设了聊天对象之间特定社会关系的存在。具体而言，深夜食堂中的人们介于熟人与生人之间，他们的交往非常符合伊壁鸠鲁所追求的轻资产友谊。

对于轻资产友谊，常常有一种误解，即这种友谊是肤浅与虚假的，并不是真正的友谊。我需要澄清一下所谓"真正的友谊"到底是什么意思。第一种解释是，"真正的友谊"指的是能够经得起考验的友谊，比如刘关张的友谊。第二种解释是，"真正的友谊"指的是能够在对方面前完全袒露自己的那种友谊。请注意，能够经得起考验的友谊未必就是能完全袒露自己的友谊。经得起考验意味着要团结在一起做事，而团结就意味着牺牲。比如，在《三国演义》里，关羽对联合孙权的战略有异议，但是只要和刘备在一起，他就要稍微克制一下这方面的情绪，不过，在和一个与他关系不那么密切的人喝酒吃肉的时候，他的这种情绪也许反而能发泄出来。有人或许会说，无法理解孔明在隆中提出的联吴抗曹的战略，是关羽缺乏战略眼光的表现，他最后也因此丧命，既然这样，为什么还要鼓励他将对这个战略的负面情绪发泄出来呢？对此，我认为，即使是包含着错误思想的情绪，也需要发泄出来。第一，发泄出负面情绪，人就会好受一点。第二，发泄出负面情绪，可以方便别人更好地了解当事人的想法，当事人也因此有机会得到社会的反馈，这未必对维护社会风气不利。

以电影版《深夜食堂》里出现的第一个故事为例。喜欢吃意大利面的玉子小姐是不动产公司社长阿秀的情妇，阿秀突然过世，玉子没有获邀参加葬礼，也没有获得情夫原先答应给她的遗产。沮丧之余，她和新男友阿肇开始交往。阿肇是工厂业务员，业余时间喜欢做古代城堡模型，是标准的御宅族。二人的交往没能持续多久。后来，玉子知道阿秀确实留下了一笔钱给自己，只是阿秀的老婆窜改了遗嘱。通过法律手段拿到这笔钱后，玉子立即觉得阿肇配不上自己，借机与阿肇分手了。店内的老顾客看不惯玉子的为人，于是排挤她，而玉子看得很开，似乎不为所动。老板招呼她有空回来吃意大利面，她却回答，回不回来吃，随缘吧。

玉子显然是一个冷酷的马基雅维利主义者，这类人往往会精心算计来实现自身利益的最大化。这种人生态度似乎与试图放弃无休止的物质追求的伊壁鸠鲁主义格格不入。但有趣的是，即使是铁石心肠的玉子小姐，在处于人生低谷时，需要的也仅仅是简单的味蕾的安慰，即老板做的铁板烧意面。她回忆说，自己家乡的人很穷，吃这样的意面就算是吃大餐了。意面对暂时失意的她来说，是帮助她回忆自身原本面目的道具，而这种道具能够带给她暂时的安全感，因为她发现，她已经吃到了童年时代心心念念的所谓大餐了。由此，意大利面帮助一个马基雅维利主义者完成了向伊壁鸠鲁主义者的暂时转换。阿肇之所以与她相识，是因为二人都爱吃意面。虽然阿肇只不过是她在失意期找到的暂时可以依靠的肩膀，但谁说临时的肩膀不是肩膀呢？多年后，阿肇在回顾这段经历时，或许也会在痛苦之外品尝出一些别的滋味吧。由此看来，即使是玉子在深夜食堂里流露出的人性的贪婪，也带有些许温情的意味，这种温情使其短暂地找到了与别人的人性公约数。在这里，玉子必须感谢老板做的意面，正如同样作为食堂常客的黑道大哥阿龙必须感谢老板做的章鱼香肠，同志酒吧的老板小寿寿必须感谢老板做的甜玉子烧，茶泡饭三姐妹必须感谢老板做的茶泡饭一样。

这部电影里最能体现伊壁鸠鲁主义思想的情节，是"骨灰盒之谜"。有人饭后落下了一个骨灰盒，老板不知道怎样处理，便叫了警察，结果后者也不知道该如何是好，于是老板只得搁置这件事。后来，"骨灰盒之谜"慢慢揭开，原来是一个叫冢口街子的老太太曾带着亡夫的骨灰盒来吃饭，她觉得这里氛围特别好，就悄悄将骨灰盒放了这里，希望丈夫死后有人做伴。站在伊壁鸠鲁主义者的立场上看，骨灰就像是离散的原子的隐喻，而老太太让骨灰在一个不起眼的小饭馆里安家的做法，则又是对于常人心目中宏大人生意义的一次伊壁鸠鲁式的消解，或者说，这其实是按照享乐主义者的思想，赋予了人生意义新的内涵：你在的时候，我陪你吃饭，你走了以后，我看你吃饭，这就是生死的全部意义。

人生

第十六夜　为什么有意义的时间会显得更长？

自传体时间

从今晚开始，我们将讨论与人生有关的哲学问题。

说到人生，我们就必须提及时间，因为整段人生都是在时间中度过的，不理解时间的意义，我们就无从参透人生的真相。在哲学史中，时间一直是一个引发众多讨论的话题，下面，我尽量用简明的语言阐述一下。

哲学家一般都会区分这两种时间：一种是物理时间，一种是现象学时间。

"物理时间"就是钟表度量的时间。比如，你现在在读这本书，一看表，发现自己用20分钟读完了书中的一个章节，这"20分钟"就是物理时间。显然，只要你的钟表功能正常，你说的"20分钟"就等同于我说的"20分钟"。因此，物理时间也就是公共社会生活所用的时间。

那么，什么是"现象学时间"呢？就是你在主观精神世界中感受到的时间长度。比如，你看了一场非常不错的音乐剧，继而沉浸在某种"当下"的氛围中，然后一看手机上的时间，发现已不知不觉地过了2个小时（尽管你不觉得过去了那么久）。现象学时间的长短因个人感受的不同而不同。假设你的朋友对音乐剧没有任何兴趣，那么这2个小时对他而言或许就有8个小时那么长。

很多人认为上述区别是"科学时间"（即自然科学所预设的时间框架）与"人文时间"（即人文科学所预设的时间框架）之间的区别，也就是说，"物理时间"就是"科学时间"，而"现象学时间"就是"人文时间"。不过，这种略显粗暴的二分法其实并不准确，我们接下来要讨论的"自传体时间"就兼具了物理时间与现象学时间的特色。

"自传体时间"这个概念是由心理学家所说的"自传体记忆"衍生而来的。"自传体记忆"是人类心理系统中的一种重要的记忆系统，其功用是采集个体一生中的种种情景记忆的片段，并由此重建此人的自我认识。人生这么长，哪些事情才会被记住呢？往往是那些大事：初恋告白、高考的最后一道数学题、孩子诞生的那一刻等等。从这个角度看，自传体记忆可以被视为一本按照一定逻辑编纂而成的心灵相册，或是人生的"大事荟萃集"。很多电影的内容编辑方式都带有自传体记忆的色彩。比如，带有传说性质的日本电影《浅草小子》就描述了日本艺坛名人北野武（在电影中叫"武"）在入行初期与师父深见千三郎的几段故事。考虑到电影的时间容量有限，编剧兼导演剧团一人先生挑选了几个最具艺术感染力的人生片段予以集中刻画，如师徒相见、武第一次登台与老师表演漫才（"漫才"即日本版的相声）、武与老师分道扬镳、武发达后再次找到老师、两人最后一次表演漫才等等。很显然，这种选择性的刻画会忽略北野武早年的一些不重要的经历，比如他于某日在东京的某个面馆吃了一碗拉面。

好了，既然我们已经知道了什么是"自传体记忆"，那么"自传体时间"的意思也就不难理解了。所谓"自传体时间"，指的是展现自传体记忆的时间框架。电影《浅草小子》的时间框架，就是容纳北野武早期奋斗历程的时间容器。这也就是今晚所要讨论的对象。

前文提到，自传体时间既不是典型的物理时间，也不是典型的现象学时间，而是与两者皆有交集的某种新时间变体。现在，我们就来解释一下为何自传体时间具有这种两面性。

一方面，自传体记忆显然具有明显的物理时间特征，因为在自传体记忆中出现物理时间的标签是常有的事情。比如，北野武会很快想起他是在20世纪50年代第一次见到老师的，而"20世纪50年代"就是一个物理时间的标签。同时，电影里出现的景物也都有浓郁的昭和时代风格，而观众也很容易根据这些标记锁定事件发生的精确时间。

但另一方面，自传体时间也带有现象学时间的特点，也就是说，虽然回忆中的事情发生在多年之前，但回忆本身发生在当下。因此，哪些事情值得回忆，哪些事情不值得回忆，都是根据当下的体验而调整的（譬如，一段关于伤痛的记忆会因为未来遇到更大的伤痛而被淡忘）。同时，被回忆的事件的长度与该事件在物理时间中实际占据的长度，也往往会因为相关事件的性质产生比例上的扭曲。譬如，在电影《芳华》中，主人公刘峰在遭遇战中失去手臂的长镜头就带给了观众很大的震撼，因此，这十几分钟的战争戏成了136分钟的整部电影的精神核心。

进一步讲，自传体时间的这种既具有客观性又具有主观性的特点，其实与意义的两面性有关。虽然动物也有记忆，但人类的记忆与动物的记忆毕竟不同，二者的区别在于我们人类是根据意义的框架来组织记忆的。举例来说，为何我们会忘记自己昨日遇到的大爷穿的究竟是黑色短裤还是灰色短裤，这是因为记住这件事对我们毫无意义。同理，很多老师记不清班上成绩一般的同学，而只能记清楚那些成绩特别好的与特别差的同学，这是因为他们一般是老师关注的重点，记住他们的名字对老师而言更有意义。

那么，为何说意义本身就兼具主客观两个面相呢？一方面，我们人类组织自身自传体记忆的意义框架首先来自语言，而既然语言是公共的，我们的自传体记忆也就自然带有公共的面相；另一方面，既然意义框架所服务的自传体记忆是关于一个特定的"我"的，为了维护"我"的统一性，"我的记忆"就要分出特定的资源去界定"我"与"我们"之间的界限，以防"我"被"我们"的洪流吞没。举例来说，假设你参与了一次重大历史事件（比如诺曼底登陆），那么，借着"诺曼底登陆"这一公共语言标签自带的粘合力，你关于该事件的私人记忆就与公众的历史记忆汇合了，而这些记忆所呈现的事件的意义也就自然具有了客观的维度。但如果你特别在意的某件事（比如你心爱的狗的死亡）的意义不具有这种公共维度，那么，这一事件的自传体时间就将更具有现象学时间的特征。此外，自传体时间的这两种面相，亦能用来解释人的两面性——为何我们既是一种害怕孤独的集体动物，同时又是一种特别在意自身隐私的个体动物（正如叔本华所说的，人类就像刺猬，彼此分得太开时会觉得缺乏温暖，彼此离得太近时又难免互相伤害）。

不过，有时候也会发生这样一种情况：一个私人事件通过特定渠道被传播出去，变成了公共事件，于是，本不具备历史意义的事件产生了历史意义，而相关当事人的人生甚至有可能被改写。

能为上述这种情况提供注解的一部经典电影，便是美国体育片《追梦赤子心》。电影的故事情节如下。主人公鲁迪很喜欢橄榄球，也非常想加入圣母大学校队，但他只是一位普通的钢铁工人的儿子，高中学习成绩也不是很好。更糟糕的是，他本人身材矮小，一看就不是从事橄榄球运动的料。但鲁迪不屈不挠，克服了文化课方面的困难，最终考上了圣母大学，他还凭着自己的一腔热情，说服校队领导接受他成为圣母大学校队的替补队员。他在训练场上拼命训练，导致自己浑身是伤，很多队友被他的努力感动了，当时的圣母大学校队总教练帕塞吉安也亲口答应鲁迪，下次比赛就让他正式上场。不料，球队不久后换了总教练，而新教练迪瓦恩完全不理睬老教练对鲁迪的许诺。对已经读大四的鲁迪来说，即将到来的与佐治亚理工学院队的比赛是他最后一次"转正"的机会，若这次比赛他还是坐冷板凳，他将带着终生遗憾离开圣母大学。

鲁迪的境遇得到了同学们的同情。圣母大学学生会的校报报道了鲁迪的故事，使他获得了大量粉丝。在与佐治亚理工学院队的比赛正式开始后，这些粉丝在看台上高喊鲁迪的名字，最终促使教练换鲁迪上阵。鲁迪不辱使命，在比赛的最后一个环节中扑倒了佐治亚理工学院队的四分位并触地得分，为圣母大学队的胜利做出了重要的贡献。兴奋的队友们将鲁迪高高抛起，而在此之前，圣母大学校队从未在赛场上抛起哪名队员。

《追梦赤子心》所引出的人生哲学问题如下：鲁迪为何要为了在赛场上的那辉煌的一分钟，花费那么多年的精力与汗水。要知道，这也不是一场具有重要意义的比赛，鲁迪因此获得的名誉，也仅仅在他的同学和同乡间传播（不包括这部基于真人真事改编的电影所带来的额外名声）。

鲁迪的付出是值得的，那辉煌的一分钟在其人生中的分量无法用冷冰冰的"一分钟"一语穷尽，甚至可以说，鲁迪的人生意义就是在他的自传体时间内确立的，而正如前文所言，自传体时间框架内某事件的长度度量方式，未必就是其在物理时间框架内的长度度量方式。或者说，在自传体时间框架内，一个事件的意义大小会改变事件的时长呈现方式，因此，一分钟的权重或许可与数年的权重等量齐观。如何确定事件的意义大小是一件非常玄妙的事情：它既不是纯然主观的，也不是纯然客观的。以这部电影中的情节为例，鲁迪对于橄榄球的热爱，以及他代表圣母大学队比赛的梦想，看似是纯然主观的，而这种主观性自然会放大他在赛场上的那一分钟的意义。但需要指出的是，这一事件后来又经由各种信息网络渠道的传播成了某种准公共事件。队友们对鲁迪多年付出的关注，就是某种公众关注，而圣母大学校报对此事的报道则进一步扩大了关注的范围。最终，电影《追梦赤子心》的发行又让此事为身为中国人的你我所知。

看到这里，有的朋友或许会问，为何有些私人事件会在公共信息网络里传播，而有些不会呢？我认为，那些更容易引发受众共鸣的故事更容易得到传播。譬如，鲁迪的故事让普通人看到了希望，大家认识到，即使是成绩很差的普通工人的孩子，也能够通过自己的努力进入全美优秀的高校橄榄球队之一。要知道，世界上的有梦想的普通人要远远多于已经实现梦想的成功人士，而关于普通人如何成功的故事自然比成功人士如何更加成功的故事更可能引发关注。由此我们也就能理解，为何《追梦赤子心》的制片人会看中鲁迪的故事，而不是那些更炫目的国际体育明星的故事了。

在此，我也想顺便谈谈《追梦赤子心》与另一部体育题材电影《绝杀慕尼黑》的差别。在俄罗斯人的诠释里，体育比赛被赋予了为国家争得荣誉的重大意义（《绝杀慕尼黑》的核心故事是苏联篮球队如何在1972年慕尼黑夏季奥运会中打败了美国队）。与之相较，在《追梦赤子心》中，我们看到的仅仅是鲁迪对于体育的热爱，而这种热爱与他对国家的感情几乎毫无关系。此外，电影里的一些情节还向观众揭露了美国的种族歧视问题：鲁迪在备考圣母大学时，曾寄宿在一位好心的校内清洁工的值班房里，那位清洁工告诉他，自己年轻时也曾为圣母大学队效力过，但仅仅因为是黑人，就被剥夺了上场的机会。这一情节的加入使鲁迪的故事具有了更真实的历史背景，从而更容易打动观众的心灵。聚焦普通人的选材思想也同样体现在了体育题材电影《飞鹰艾迪》中。电影主人公艾迪迷上了跳台滑雪，于是自筹资金刻苦训练，并在1987年代表英国参加了世界锦标赛，获得了1988年冬奥会的参赛资格。然而，他参加奥运会也就是在赛场上亮个相罢了，他没为英国获得一枚奖牌。

按照《绝杀慕尼黑》的选材标准，他是没能给英国争光的失败者。但是，没有获得奖牌这件事并不妨碍艾迪自得其乐，也不妨碍他的故事被拍成电影去鼓励我们这些普通人。

由此看来，怎样的私人故事能够成为公共故事，或者说，怎样的私人记忆可以成为公众记忆，会受故事发生地的价值观体系的影响。有些价值观体系推崇成王败寇，因此，失败者的故事不值得被记录；而有些价值观体系重视自我价值的实现，只要你觉得自己的付出值得，大家就会为你鼓掌。从社会组织之间的长远竞争的角度看，那些不吝啬为失败者鼓掌的社会组织有更长久的生命力，因为此类价值观体系会催生宽松的容错氛围，使得失败者有足够的精神动力一次次重新站起来，直到他的经验足以支持他获得成功。相反，只愿意将掌声留给冠军的社会组织会使社会成员过于看重结果而忽视过程，并导致成员为了成功不择手段。同时，大批潜在的成功选手也会被偶然的失败吓退，导致大量优秀人才的埋没。

有人或许会说，如果我所处的环境正好推崇成王败寇的价值观，而且我的力量又是微小的，那么，我怎么可能去影响社会的价值体系呢？我会回答：千万别小看你的潜力，正如同鲁迪也没小看他自己的潜力一样。大家可以通过各种新兴的网络平台勇敢地说出自己的故事，特别是那些失败的故事，比如求职失败的故事、考研失败的故事、恋爱失败的故事……但是，你要展现像鲁迪那样的奋斗精神。由此，我们能改变我们看待人生事件的意义衡量标准，并由此改变我们自传体时间的基本框架。只有做到这一点，我们才能跳出成王败寇的怪圈，按照自己的标准，过自己想过的人生。这样，我们才能做人生的主人，做时间的主人。

第十七夜　平行世界中的我会更快乐吗？

可能世界

昨夜，我们讨论的关键词是"时间"，现在我们要讨论"可能性"。

在人生中，我们往往会站在"当下"这个时间点去展望"未来"。譬如，现在的我虽然是本科生，但未来的我会不会成为研究生、白领，或是公务员？现在的我虽然拥有的社会资源相当稀少，但是未来的我会不会飞黄腾达？我们往往以不满的眼光看待"当下"，用希望的眼光看待"未来"。从这个角度看，人生的历程在本质上便是"当下"与"未来"的一场博弈。

那么，时间又是如何与"可能性"一词发生关系的呢？不难想见，时间长河中的"未来"代表"可能性"（未发生之事就是可能发生之事），而"当下"则代表"现实性"（凡是当下发生的事情，都是在现实世界中存在的事情）。因此，"人生的历程在本质上便是'当下'与'未来'的一场博弈"也意味着人生是现实性与可能性的一种博弈。这两种说法的内在联系体现于"当下"是作为历史的代理人登场的，因为"当下"本身就带着历史的惯性，也就是说，你之所以当下会在这家咖啡店点美式咖啡，仅仅是因为你过去在这家咖啡店习惯点美式咖啡。历史的惯性会引导你按照历史的轨迹规划未来，因为这是最稳妥的人生选择。因此，如果你过去是农民，你现在就还是农民，而未来你依然是农民。这就是一种排除"可能性"的保守主义策略。基于"未来"的思考则会告诉你，你的人生本质上是一个不断绽放可能性的过程：你可能会对哲学感兴趣，你也可能去学习某种编程语言；你可能选择无所事事，但也可能选择奋进。你的过去虽然对你的未来构成了某种束缚，但是只要你勇于开发自己身上的潜能，你的未来就会出现新的可能——这样的可能在"未来"成为"过去"后，会成为新的"现实"，并为你的新人生道路奠定更为宽广的基础。不过，在基于"未来"的筹划与来自"过去"的惯性出现重大的冲突时，"当下"就成了冲突的爆发点。于是，"当下"就成了"未来"与"过去"的双重集结，以及"可能性"与"必然性"的双重奴仆，并在双方斗争的缝隙间艰难生存。于是有了哈姆雷特在当下的犹豫与哀叹：生存还是毁灭，这是一个问题！很显然，这是一个面向未来的问题，而哈姆雷特在如此发问的时候，也正在严肃地思考他未来的人生选择：是奋起一搏，为父报仇，还是明哲保身，静默不语。

"未来"意味着可能性的存在，而任何人都无法以"过去"的名义粉碎可能性在未来绽放的空间。即使是以讴歌人类传统习俗的巨大惯性著称的英国哲学家休谟，也做出了如下重要的哲学断言：我们无法从逻辑上担保未来发生的事情会与过去始终重复。譬如，即使昨日太阳升起，今日太阳升起，你也仍然无法担保明日太阳依旧会升起——你甚至无法从逻辑上担保牛顿定律明日依然有效。德国哲学家海德格尔则比休谟更进一步，他认为人类个体完全可以利用"未来"的这种不确定性建立一种更大胆的人生观。在他看来，人类真正的时间筹划方向不是从"过去"到"现在"，再到"未来"，而是更迂回地从"未来"，经过"过去"，再到"现在"，也就是说，根据"我未来会成为怎样的人"的想法，检视自己的过去，然后聚焦于"现在我该做什么"这一问题。

《追梦赤子心》里的主人公鲁迪就是这样的一个人。他先筹划了未来的人生可能性（成为圣母大学的校橄榄球队成员），然后用这个梦想做手电筒，审视自己的过去，以发现自己的能力短板，最后聚焦于当下，确定现在该做些什么来实现梦想。

然而，鲁迪对未来可能性的筹划依然处在某种可被复制的套路里。虽然被名校的橄榄球队选中不是件易事，但是出身平凡的青年考上名校这类事，也并不是特别少见。若要讨论对于"可能性"的意识所催生的巨大精神力量，以及这种力量所能创造的巨大奇迹，更典型的案例来自电影《肖申克的救赎》。

电影中，银行家安迪被控枪杀了妻子及其情人，被判无期徒刑。进了监狱之后，安迪慢慢适应了狱中的生活，他还开始为狱警处理税务问题，并帮助肖申克监狱长诺顿洗黑钱。不过，安迪认识了年轻犯人汤米后，情况发生了变化。汤米告诉安迪，他知道杀害安迪妻子的真凶。但当安迪提出申诉要求重审此案时，却遭遇了监狱长的阻碍，而汤米也被监狱长设计害死了。面对残酷的现实，安迪似乎变得很消沉，但在某个夜晚，他竟然越狱成功了。出狱后，他领走了监狱长存的黑钱，并设法告发了监狱长。多年后，安迪在太平洋海滨买下了自己的房产，并与正常获释的狱友瑞德一起安度晚年。

《肖申克的救赎》给我们的哲学启示是，虽然人生的本质是一种对未来可能性的筹划活动，但这并不意味着所有的筹划活动都是合理的。那么，哪些筹划是合理的，哪些是不合理的呢？黑格尔曾说过，若一个普通人觉得自己有做土耳其苏丹的可能，那这个人大概是发了疯。那么，一个被判了无期徒刑的银行家为从全美戒备最森严的监狱越狱的可能性进行筹划，是不是也是在发疯呢？马斯克在地球上为登上火星的可能性而筹划，又算不算是在发疯呢？

这就涉及对于"可能性"本质的形而上学的追问了。

哲学上与之相关的讨论往往集中在"可能世界"这一名目下。最早想出这一名目的人是德国哲学家莱布尼茨，不过他并不是安迪那种勇于挑战现实的人，假若有人问他蒙冤入狱后会不会越狱，他大抵会说："上帝创造了很多可能世界，而我所住的可能世界就是现实世界，好吧，这个现实世界貌似很糟糕，因为在这个世界中，无辜的我的确在坐牢，但是我要告诉你，这是上帝创造的所有可能世界里最好的一个了，如果我硬是要越狱，我可能在下水道被熏死，或在逃跑的路上被击毙，因此，我愿意接受当下的命运。"

这种"可能世界"理论的最大问题在于，此论的主张者并没有回答这样一个疑问：你还没到别的可能世界看一看呢，你怎么知道那些世界会更糟糕？另外，这套论证也无法真正说服像安迪这样的睿智之人。安迪学会了这套话术后恐怕马上会说："好吧，假设莱布尼茨关于'可能世界'的说法都对，但是现在我正好在越狱，由此看来，越狱就是我现在面对的现实，我坚信越狱是对的，因为在一个我不越狱的可能世界中，我会过得更糟糕，而发生越狱活动的这个现实世界，就是我面对的所有可能世界中最不糟糕的一个。"你瞧，只要你下定决心将一个想法付诸行动，你就能够将莱布尼茨式的"躺平"主义解释为一种促发积极行动的纲领。

但我们必须注意：安迪的越狱计划是非常周密的，也就是说，他对未来的设想依然植根于现在与过去的既有资源。以下几点表现了他的越狱计划与既有资源之间的密切关系。

第一，因为安迪是被冤枉的，只要走既定的司法程序就能重获自由，所以他才对有可能还他清白的证人汤米关心有加。当然，这条路后来没有走通，但安迪先尝试正规途径的做法本身并没有错，因为要想成事，就必须有几条备选的通道，所谓"不能将鸡蛋放在一个篮子里"。

第二，安迪为了越狱，进行了充足的准备。他利用既有资源，通过内部交易获得了一把鹤嘴锄，并以雕刻象棋棋子的名义凿出了一条地道，而挖地道刨出的土，他也在每日放风的时候一点点地撒在了操场上，可谓滴水不漏。

第三，安迪为越狱后的生活也做了安排。他知道监狱长在违法赚钱，就建议他开一个假账户，把贪污来的钱全部转到这个假账户上。安迪越狱后，很顺利地就让银行相信了自己是账户的主人，将钱提走了。很明显，他在这方面的筹划也建立在其既有的财务能力的基础上。

第四，安迪的越狱计划暗中实施了20年，在此期间，他还需要保证自己的心理健康。他的具体做法是交了瑞德这个好朋友，并通过建设监狱图书馆、帮助汤米读函授大学等活动来维持自信。一个人要执行一个长期的计划，需要维持稳定的精神状态，让自己生活充实，而不能老是停留在对未来的虚幻憧憬中。

澳大利亚哲学家阿姆斯特朗的思想很能体现这种基于既有资源筹划可能境况的哲学。阿姆斯特朗认为，世界上未来所有可能的物质重组方式，都不能脱离现有物质的既有形态。举例来说，如果一个厨子手头只有猪肉而没有鲤鱼，那么他无论如何也做不出糖醋鲤鱼这道菜。同理，少年司马光之所以能够想出砸破水缸救小朋友的主意，是因为水缸边的确有石头，而且，他的力气也足以搬起石头。假若司马光没有找到石头，或者他力气太小无法搬起石头，他就无法救出小朋友。对安迪而言，假若他根本不会理财，也不会用鹤嘴锄雕刻象棋，那他就无法顺利实施逃跑计划。

既然所谓的未来无非就是对既有资源的重组，那么为何只有安迪能够想到这些重组方式，而别人不能呢？这或许是因为一般人无法像安迪那样意识到对既有资源进行重组的巨大可能性空间，换言之，一般人缺乏在面临危机时奋力寻找可能性重组的精神动力，而之所以缺乏这种动力，是因为他们缺乏足够的生命意志力。

那么，为何安迪能够表现出一般狱友所不具备的生命意志力呢？

第一个原因是他的确是被冤枉的，因此，他的心始终在墙外，他不愿认命的想法促使他不断寻找新的出路。

第二个原因是他是银行家，受过专业训练。我个人认为，银行家是经济界的哲学家，而哲学家是不赚钱的思想银行家，二者的共通之处，便是对万事万物排列组合的可能性进行"道"的层面上的领悟。《庄子·齐物论》说："天地一指也，万物一马也。"哲学家庄子认识到万事万物都是通过相关的转换原则由同一类事物变化而成的，于是用某种抽象的思维货币，比如"指"或者"马"，来称呼它们。银行家的思维与之类似。他需要将钱投给能够盈利的项目，然后仔细审查各项目的可执行性，并从宏观上考量整个银行的收支平衡。银行家具备一般人所不具备的两点优势：第一，他们比一般人熟悉更多的行业领域；第二，他们能够分析出从一个领域抽取资金注入另一个领域的宏观可能性。也就是说，优秀的银行家天然就是对经济要素进行排列组合的高手，而熟悉这一理论的安迪自然能在一片更为宽广的天地里重新思考利用现有资源逃出生天的可能性。

我们已经从两个方面讨论了"可能性"。一方面是基于海德格尔哲学：必须先到未来去，根据未来的可能情况进行筹划，然后倒逼自己重组既有资源（一句话，我们要敢于设想未来，敢于对现状说"不"）。另一个方面是基于阿姆斯特朗哲学：未来无非是对过去的既有要素的重新排列，所以，我们要脚踏实地，不能梦想一步登天。海德格尔的思想比较务虚，阿姆斯特朗的思想比较务实，而一个人如果要做大事，就既要志存高远，也要步步为营。至于莱布尼茨的"可能世界"理论，我是不赞成的。"现实世界只是各种可能世界中最好的世界"

的说法，不过是一种安于现状的托词，尽管从逻辑上说，它也勉强允许我们在现实世界中做出一些改变，但它并不是在我们做出改变之前鼓励我们做出改变，而是在我们做出改变之后，追认这种改变。

第十八夜　他人即地狱？

他人即地狱

有人说：走自己的路，让别人去说！也有人说：一个好汉三个帮。"他人"在我们熟知的名言俗语中似乎是一个矛盾的存在。那么，自我与他人之间的关系究竟是什么呢？哲学界关于此类问题的讨论，也经历了一个从古典时代到现当代的转变。

在亚里士多德时代的古典哲学中，自我与他人之间的友谊被赋予了很高的价值。亚里士多德认为，城邦的德性是建立在志同道合的君子之间的深深默契之上的，这就是我们在讨论《深夜食堂》这部电影时所谈到的那种"重资产"的友谊。但现当代哲学家已经慢慢改变了观点。当今社会与古代雅典社会不同。在古代雅典社会，自由民有大把时间可以自由交往，公民的集体武装训练也提供了发展友谊的机会。然而在当代社会，几乎所有人都要努力维护自己的市场契约。人们行色匆匆，试图按照自己的意志去改变别人，以便为自己牟利。点头之交非常容易找到，但与人深交就有点儿难了，因为人人都很忙。一些原本生活在慢节奏的小城市的朋友若初到一线城市发展，这方面的体会恐怕会更深一点儿。这种断片式的生活方式，自然催生了一种新的关于自我与他人关系的人生哲学，这就是法国哲学家让-保罗·萨特提出的存在主义。

萨特存在主义思想的一个最有名的观点是"他人即地狱"。换言之，你永远不能指望自己与他人能够达成真正的精神一致，因为他人始终会歪曲你。

为何萨特这么想？在这里，我要先向大家介绍一下萨特本人的经历。1940年，纳粹德国闪击法国时，已经投笔从戎的萨特正好在法国军营里当气象兵，他糊里糊涂地当了俘虏，被德军塞进了装战俘的专用卡车。在车里，萨特不得不与其他被俘战友四目相对，揣度彼此战前在哪里、做什么、家里的房子有多大、是不是结婚了等等。从哲学角度看，与陌生人四目相对、彼此打量的过程，就是将对方客体化的过程，换言之，在你眼中，对方成了客体，而在对方眼中，你又成了客体。但每个人就哲学本质而言都是一个主体，被客体化就等于被剥夺了人之为人的本性。

但人的主体性究竟体现在哪里呢？在萨特看来，人的主体性是建立在人的自由意志之上的，而在这方面，人与物在本质上是不同的。例如，一个苹果并不具有自由意志，因此，一个苹果无法决定自己不去做苹果而去做芒果；而人就不一样了，人可以决定自己是种苹果还是种芒果。这个道理看似很浅显，但是我们的语言却总是诱使我们去忽略人与物的区别。

想象一下这个场景。你来到水果摊前，指着摊位上的苹果问小贩："这是什么？"小贩回答："这就是个苹果罢了。"接着，你指着小贩，问旁边的人："这是谁？"旁边的人回答："这就是个卖苹果的罢了。"

很显然，苹果没有自己的梦想与历史，但卖苹果的人有自己的梦想与历史，若我们用同样的话语去描述这两者，就等于抹杀了人与物之间的区别。

请注意，这种抹杀是在现代市场经济的话语结构中变得真正明显起来的。在传统的雅典城邦社会中，公民彼此熟悉，所以，除了说"这就是个卖苹果的罢了"，公民还能说出更多的关于当事人的信息。但是现代市场经济需要高效的信息交换，恨不得在每个人脑门上都贴一个条形码，让我们用设备一扫就知道如何对待对方。这已然是一个将人高度物化的社会。

不过，将人物化也并不是全无益处，因为物化的思维大幅提升了分工的精细度，也由此大幅提高了生产力。我们现在生活在大城市里，在 APP 上随手点餐，就会有外卖员送来各种美食，这就是分工带来的方便。然而，频繁的人际交往也带来了巨大的孤独感——过于频繁的人际交往本身就意味着你与大多数人不会真正深入地交往，这构成了同一枚硬币的另一面。

以上就是萨特的感叹"他人即地狱"的社会学背景。在这样的社会中，每个人都要实现自己的欲望，并将别人视为实现自己欲望的工具。然后，每个人又对他人知之甚少，总是一厢情愿地认为对方就是自己所想的样子，一旦发现自己的想法落空，就给别人贴上标签，试图按自己的想法去改造别人，但同时又都试图抵制来自他人的这种改造。于是，父母望子成龙，试图让孩子成为家族的荣耀，而孩子反复抵抗；恋人想将彼此改造成自己的理想情人，于是，恋爱便沦为了情感的拉锯战；影视公司试图用改造商品的方式改造艺人，为艺人设计好应当展现的形象及性格，而根本不在意艺人的本心。所有这一切，都使得现代社会成了一个巨大的假面舞会。

有一部电影对萨特哲学的这一意蕴做出了深刻的解释，这就是李安导演的作品《比利·林恩的中场战事》。这部电影充分体现了个人的自由意志与外部社会的解读之间的巨大差别。

《比利·林恩的中场战事》讲的是，19岁的美国士兵比利·林恩在伊拉克战争中为了将负伤的班长施洛姆拖至安全地带，冲锋陷阵并杀死了一名敌人。他的举动恰好被摄影机捕捉到，于是，他和他的 B 班战友们被媒体广泛宣传，这群年轻的小伙子也因此开始了为期一周的全国巡游庆祝之旅，旅行的最后一场活动是到达拉斯队的主场观看感恩节的橄榄球赛。

然而，"战斗英雄"只是一个抽象的社会符号罢了，林恩本人并不认为自己是英雄。第一，他在近距离杀死那个年轻的反美武装人员时感觉很糟糕；第二，他杀死那个敌人的目的是救下自己的班长，但最后班长还是阵亡了；第三，他知道比他勇敢的战友有很多，他的举动只是恰好被拍下来了，才会传遍全国，若他因为此事得到荣誉，不仅对别的战友不公平，对阵亡的班长也不公平；第四，他并不是像很多外人所以为的那样，是为了去中东撒播民主的种子才去打仗的，林恩之前为给姐姐讨公道砸了她前男友的车，去前线当兵是要消除案底，与爱国主义没有丝毫关系。

　　这是林恩的真实思想状态。但"他人即地狱"，别人看到的林恩完全不是这么一回事。美国官方需要利用林恩做宣传工具，让更多的人去伊拉克当兵，所以，林恩不能对记者说实话。更让人无奈的是，一旦林恩身上的社会标签成形，别的标签就会不断累加，使真相越来越模糊。比如，电影制片人艾伯特·布朗发现自己可以通过林恩的故事牟利，就希望找一个电影公司与林恩和他的战友签约，将他们的故事搬上大荧幕。虽然这部电影最后没拍出来，但我们也可以想象，它会与林恩看到的真相相差有多么远。之所以会这样，便是因为电影的运作方式可能本身就意味着一种对真相的系统性扭曲。电影工业的运作牵涉了太多人的利益，除非一个故事能惠及特定的市场，否则，谁会为它买单呢？反过来说，市场想看到的故事，难道就是叙述者真正想说的故事吗？以1968年上映的美国电影《绿色贝雷帽》为例，这部电影对侵越美军的行为进行了全面的美化，对于战争的反人性与残酷，电影却在英雄主义的基调中做了轻描淡写的处理。无独有偶，在2002年上映的电影《我们曾经是战士》的末尾，大量阵亡越军士兵构成的尸体堆先被插上美国国旗，后被摄影师拍摄的镜头，也充分体现了这部电影所反映的"真相"——在美军的视角中，每个越军士兵都是类似于电影《星河战队》中的毫无个性的虫族士兵，因此，他们的身体也只能成为炫耀美军战绩的背景墙。但越南人视角中的战争难道也是这样的吗？同理，如果林恩在伊拉克的故事被拍成电影，这部电影难道会充分地展现伊拉克人所看到的真相吗？如果电影制片人听到这样的问题，他或许会反问：伊拉克有值得关注的电影市场吗？

电影的高潮是林恩和战友们在橄榄球比赛的组织方的要求下参加中场秀，他们的任务倒也简单，就是在烟花秀开始时在场上走几步，只要不走错步子即可。但若换一个角度看，这样的安排本身就具有反讽意味：不但敌军士兵的尸体可以成为背景墙（如电影《我们曾经是战士》中所展示的那样），己方的获勋士兵也只不过是橄榄球中场赛事的背景墙的一部分罢了。

但林恩毕竟不是背景墙——他是人，他有思想、有灵魂，因此，他未必会像机器人那样，按照导演的要求走步。在烟火秀中，林恩好像回到了远在伊拉克的战场，战斗的恐怖与残酷历历在目，致使他一瞬间走了神，脚下的步子也跟着错了。这本是一个无关痛痒的错误，但在这个特殊的场合，旁观者却认为这些士兵蠢到连做背景墙都不会。一个在林恩身边跳街舞的演员就骂了他一句"傻大兵"，没有丝毫的同理心。林恩丰富的内心活动与外部环境之间的巨大张力，由此再一次得到了展现。

更糟糕的是，就连林恩的姐姐凯瑟琳也误解了林恩。凯瑟琳对弟弟上战场这件事非常自责，总觉得弟弟是为了自己才去拼命的，所以一直在设法通过各种关系让他解除兵役。但她不知道，经过战火的考验，尤其是经历了班长的阵亡后，林恩已经与 B 班战友们建立起了深厚的感情。他一定要回到战场，不是因为爱国，而是因为他爱他的战友们。无法理解这一点的凯瑟琳这时候也与弟弟产生了巨大的隔阂，为"他人即地狱"这一名言提供了新的注释。

不过，"他人即地狱"在 B 班战士之间并不适用。这是因为这个同吃、同住、同战斗的小集体拥有更多的信息交换渠道，并且，他们能通过分享共通的记忆来维持共通的情感，类似于古代雅典城邦里的战士。需要指出的是，在现代社会中，这样的集体已经非常罕见了。就拿大学寝室来说，虽然大家住在同一个房间，但也仍可能来自不同的院系、看不同的书、琢磨不同的事，大家选择的也不是同一条人生道路。参战过的部队集体会因为生死上的相互依靠产生巨大的精神凝聚力，这一点也是普通民众难以想象的。

　　上述这些差异，使得参战过的人与普通民众之间产生了一个巨大的精神隔断：战士在隔断的一边，彼此尚有理解的可能，而来自隔断另一边的解读则往往包含着巨大的误解。电影中充分体现这一思想的片段是林恩与新班长的两人团队和达拉斯队老板诺姆·奥格尔斯比之间的谈判。奥格尔斯比准备投资由林恩的英雄事迹改编成的电影，却临时要求将原定的每名 B 班士兵10万美元的版权费削减到5 500美元。奥格尔斯比的理由是，这个故事属于美国，而不属于 B 班，所以 B 班战士不能要这么多钱。林恩则反驳，这个故事正是他们真实的人生经历，不属于任何人，即使是国家。

　　到底是老板说得对，还是林恩说得对？士兵在战场上的亲身经历，究竟是属于国家，还是属于个人？这是具有明显的存在主义意味的哲学问题。那么，究竟什么是"存在主义"呢？

　　概而言之，"存在主义"这一哲学流派的核心观点，就是强调个体在世界中的生存感受，强调世界在特定主体眼中的形态，而不是世界的"客观样态"。这里需要提醒读者的是，这种哲学并不是我们平素说的"主观唯心论"（即把外部世界视为自身精神世界的投射物），因为存在主义者当然知道世界并不围绕自己运转。他们更愿意强调按照自身逻辑运转的世界与个体的旨趣、意志之间的巨大张力，并对因此类张力产生的精神痛苦加以渲染。今晚反复出现的萨特的名言"他人即地狱"，其实是对上述精神痛苦的一种集中表达。

世界与自我之间的这种存在主义张力，在林恩与老板关于士兵经历归属的对话中得到了充分的体现。一方面，士兵之所以经历了战争，自然是因为美国这个国家向士兵提供了补给与装备，并给予了士兵正当杀死他人的理由；但另一方面，美国是一个抽象的概念，它没有眼睛，没有鼻子，没有手，且这个抽象的概念既闻不到被烧焦的尸体发出的臭味，也看不到恐怖的、血腥的战斗场面，能够经历这一切的，只有一个个真实存在的士兵。于是我们看到了两种完全不同的记忆描述：一种是国家记忆，根据这种记忆，莱克星顿、葛底斯堡、阿拉莫、诺曼底等地名被人为地串联了起来，构成了美国军事历史的形象，这些名字的背后是一串被官方认可的勋章与战绩；另外一种是士兵的私人记忆，他们能回忆起的只有阿登森林的寒冷、瓜达尔卡纳尔的疟疾、巴格达街巷中无处不在的 RPG 火箭弹。这两种记忆之间存在一种明显的剥削与被剥削的关系：官方从千千万万士兵的真实记忆中抽取自己所需要的信息，将其重新组合成一个抽象的他人，并反过来形成对个体记忆的某种亵渎。这就是哲学家经常说的"异化"：一种力量生出一种反过来统治自己、蹂躏自己的衍生性力量，就像自己生的孩子反过来吞噬自己一样。

站在人生哲学的角度看，《比利·林恩的中场战事》能够教会我们什么呢？它教会我们拒绝——拒绝被异化，拒绝成为他人眼中的那个虚假的自己。林恩就做出了这种选择：他拒绝了球队老板按照其要求改编故事的提议。而且，他最后也发现，做出这一选择与老板愿意付多少版权费毫无关系。只要卖出了故事的改编权，无论回报是否丰厚，他都无法左右别人展现故事的方式，而这故事也将从此不再属于他。因此，林恩的拒绝可以被看作捍卫自我尊严的战斗，而且这场战斗绝不比战场上的战斗来得轻松。由此看来，虽然人类是一种脱离社会协作就无法生存的动物，但这并不意味着每一个个体都要在保卫自己最珍贵的故事的私有权时始终对他人抱有合作的态度。

那么，拒绝别人改编自己的故事，是不是一种自私自利呢？不是。按照存在主义的精神维护自己经历的独特性，这本身就是一种人道主义，而人道主义又处在自私自利的对立面。那么，为何说存在主义是一种人道主义呢？这是因为对自身经验的独特性的维护也意味着用同样的态度维护他人的经验。换言之，如果你拒绝被他人客体化，你就也不能将别人客体化。这样，由存在主义者构成的社会才能成为一个受到普遍承认的社会，而这就是一个人道主义的社会。另外，基于存在主义思想的这种普遍承认机制，其实也会从功利角度给人类社会带来长久的利益。很显然，不同个体的不同故事记录了人类对彼此或者对自然的不同感受，因此，只有将私人体验的私人性保卫好，人类经验整体的丰富性才能得到维持。如果我们任凭资本与权力的大刀将这些个体体验的触须齐齐切断，那么，在由此形成的表面一致的背后，就会出现不可挽回的人类经验土壤的流失。若真如此，发生战事之后，也不会有李安导演的《比利·林恩的中场战事》了，人们只能看到这样一则干巴巴的新闻记录：

> 在伊拉克战场上立下殊勋的战士比利·林恩与其所在的 B 班全体战士，出席了达拉斯主场橄榄球比赛的中场赛事，他们再一次向我们诠释了忠诚与爱国的价值。上帝保佑美国。

第十九夜　为什么催婚是长辈刻在基因里的需求？

对抗死亡

前几晚，我们谈论的电影都有浓郁的青春色彩。《比利·林恩的中场战事》的主人公才19岁，《追梦赤子心》的主人公也是一个小伙子，《肖申克的救赎》里的安迪年龄稍大一点，但也依然是一位中年人。不过，人生既然有青春，就一定有衰老，我们还欠衰老一个哲学解释。

我们要讲的电影，是日本著名导演小津安二郎生前执导的最后一部作品《秋刀鱼之味》（1962年出品）。电影中，主人公平山周平在二战时是日本海军驱逐舰的舰长，战后他成了一个事业有成的企业家。接近晚年时，他很郁闷，因为他一直很想让自己的女儿快点嫁出去。他的女儿平山道子温柔贤淑，一直在家里照顾父亲的起居。在周平的老伴过世后，她实际上就成了家庭主妇。她24岁了，按照当时日本社会的普遍看法，已经年龄偏大，周平很担心女儿会孤独终老。

周平的忧虑具有深刻的哲学维度。他担心自己的孩子难以婚配，在本质上就是担心自己的生命没有办法通过子女得到延续。这是老年人特别容易陷入的一种形而上学的焦虑，因为这时，他们比任何时候都要接近死亡。那么，死亡的哲学意义是什么呢？死亡其实是对人生的终结，也是对所有可能性的终结。人一旦死了，任何新的生命可能性都将不复存在——你不再有机会去学一门你没学过的语言，也不再有机会去一个你没去过的国家旅行，你甚至没有机会去看一部从没看过的电影。所以，人至暮年，最容易思考的问题就是"离开这个世界后，我还能在这个世界上留下些什么"。

艺术家与哲学家往往会通过作品让世界记住自己。比如，小津安二郎导演虽未结婚生子，但他留下的电影就像他的孩子。不过，大多数人离开人世时都默默无闻，于是，留下子嗣便成了个体对抗死亡恐惧的最佳方法。

为何我们人类对子女有一种天然的偏私呢？一种形而上学的解释是，不断繁衍的子孙能够构成一个趋近于无限的序列，而这种趋近过程模拟了宇宙自身的无限性。所以，不仅是人类，昆虫与杂草也有这种通过无限繁衍后代来趋近无限的天然冲动。这种天然冲动曾被德国哲学家叔本华描述成一种周游天下的宇宙意志。

对于这个问题，英国生物学家道金斯则做出了另一种解释：我们这些人类个体在本质上都是"自私的基因"的奴仆，基因驱使我们忙前忙后，尤其是去做那些有利于基因传播的事情。因此，父亲对女儿的关心，本质上就是这么一回事：父亲的基因为了能够在女儿身上延续下去，驱使父亲关心女儿的婚姻，并使得女儿有机会复制自己的基因。

生物学的解释虽然听上去很冷酷，但是颇能说明为何父爱与母爱是盲目的——基因对父母行为的影响不需要其主观意识的反思的介入，正如呼吸系统的运转不需要呼吸者意识到自己在呼吸一样。这也就解释了为何周平在听说自己公司的女员工要辞职结婚时如此恐惧（当时道子尚且没有男友），而这种恐惧是自然袭来的，是年老的父亲所无从逃遁的。

虽然周平的女儿平山道子最后还是在家长的安排下相亲结婚了，但是小津导演并没有在电影中呈现女儿与结婚对象的相亲过程，而是很快将观众带向了女儿结婚的片段。在女儿出嫁前夕，周平一个人喝闷酒，气氛无限悲凉。

既然周平的目的就是让女儿嫁出去，那么，为何在女儿出嫁之前，他还会感到悲凉呢？

要回答这个问题，我们就要看看人的两面性了。一方面，每个个体的确都是基因的载体，但另一方面，每个个体又都是文化的载体。基因的密码往往能解释两代人之间的联系，但文化的嬗变往往又凸显了两代人的差别。这部电影其实已经向我们展现了周平那代人与年轻一代人的差别。周平那代人多少受到了旧军国主义思想的毒害，对由西方文化主导的新日本感到不太适应，甚至还会听二战军歌怀旧。但这些爱好，片中的年轻人几乎都没沾染。周平的儿子受西方消费主义思想的影响，花大价钱买并非生活必需品的高尔夫球杆，并为此经常向爸爸要钱。其实就连貌似传统的道子姑娘，潜意识里也有一些叛逆。在坎坷的恋爱过程中，她先看上的是经常向哥哥推销高尔夫球杆的三浦，而不是什么名门世家的公子，这已经暗示了年轻人对门阀婚姻的不满。由此看来，周平或许也知道，当他这一代老去后，他们这一代的价值观与文化大概率不会被下一代日本人继承。婚姻意味着一个世代的转折点：道子成为妈妈后，她将按照自己的价值观培养出新一代的日本人。周平那代人谢幕的日子，已经悄然进入了倒数计时阶段，他在女儿婚前孤独地悲鸣，本质上是在为即将逝去的一种价值体系奏响哀曲。

不过，人的本性就是想让自己的一切都得到继承，无论是基因还是文化。明白这一代的文化无法被继承的周平，需要在现实生活中找到别的寄托。他的具体做法是与三五同龄好友结成酒友，一起聊聊人生、想想过去。他还牵头举办了中学同学会，甚至请来了他们当年的国语老师兼班主任。班主任实际上是班集体共同记忆的维护者，因此，他的出场具有明显的隐喻意义。换言之，大家是希望老师帮着回忆一些大家或许已经淡忘的班级趣事，以便延缓这一代人精神家园的坍塌。没承想，现在的班主任生活潦倒，记忆力衰退，已无法满足大家这样的期望了。更让人心酸的是，他几乎叫不出高级餐厅里任何一道菜的名字，吃了鳗鱼之后还问这是火腿吗。同学们在老师离开后，都非常心酸。

这一情节的深层用意是什么呢？周平这一代人的价值观中，有精华，也有糟粕。糟粕当然是军国主义的思想，而精华则是日本传统文化艺术（如和歌、俳句）。实事求是地说，在周平读中学的时候，日本大约正处于"大正民主时代"，还未进入充满战乱的昭和时期，国语课还教授大量珍贵的传统文化，而不包含什么军国主义的毒素。作为文化传播者，国语老师的失意与落魄本身就意味着一个时代的文化精英的凋谢。虽然新的生命还会诞生，但是依附于这些老先生生命上的细微文化信息，仍会不可避免地被带入坟墓。

那么，父母一辈在面对无可挽回的旧价值体系的逝去时，是不是要利用自己尚存的最后一点点权威，逼迫子女接受旧价值体系，以便让自己的肉体与精神都得以长存呢？有意思的是，周平并没有这么做。他唯一与女儿争执的问题是女儿是否要嫁人，至于嫁给谁，他并没有进行过多的干涉。而且，他对深陷消费主义陷阱的儿子，大体上也是宽容的。这种做法体现了一种很典型的日本人的生死观。日本人的生死观有两面：一方面，日本人与大多数其他民族的人想法类似，也通过强调某些精神理念的不朽对抗个体的消亡；另一方面，日本人更愿意包容死亡与消逝。日本人对樱花凋谢之美的欣赏是如此，周平对自己这一代的凋零的自怜也是如此。请注意，一个老人也完全可以选择与必然凋谢的命运对抗，逼迫子女接受他们的旧价值观，但这除了僵化两代人的关系外，真的对维护旧价值观有利吗？难道子女不会因此产生逆反心理，等到日后时机成熟，再去消除旧价值观的一切痕迹吗？在《白鹿原》中，儒家价值观的承载者白嘉轩的儿子白孝文便在父亲的棍棒下走向了反面，这难道不是一个深刻的教训吗？

由此看来，老年人的德性体现在两方面，一方面是学会抓紧子女，另一方面是学会放开子女。之所以要抓紧子女，是因为子女毕竟年龄小，社会经验不足，在很多重大人生关口尚且需要指引。但父母不能陷入"他人即地狱"的思维模式，将自己的价值观和喜好强加给子女，而要学会放手，让子女做出新的尝试，以便给家族与社会带来新的发展方向。

同时，对传统价值中的某些"好东西"念念不忘的人，也不应忘记一个基本事实：个人记忆也好，集体记忆也罢，记忆的本质就是对没有被遗忘的事件的重新梳理。因此，记忆与遗忘就构成了硬币的两面。从这个角度看，要求保留传统文化的所有面相而不遗漏任何信息，本身就是一种过分的执着。旧价值观里的"好东西"若真是好东西，自然会有人传承，以传承的名义浇灭年轻人创新的热情，会得不偿失。至少在这个问题上，我认为周平拿捏对了做事的分寸。

关于新人与旧人之间的这种既有取代，又有传承的复杂关系，澳大利亚哲学家彼得·辛格在《黑格尔》这一诠释黑格尔哲学的名著中做出了一个有趣的比喻：在进行市政建设的时候，规划者既可以大笔一挥将老建筑全部炸毁，在全新的地基上搭建新建筑，也可以对每一座老建筑都精心维护，以至于挤占一切新建筑可能的营建空间。很显然，前一种做法意味着对传统的全面否定，而后一种做法意味着对创新的全面扼杀。其实，这两种做法都是需要避免的极端，因为失去传统的城市将失去其记忆与历史的厚度，而失去创新力的城市则会失去未来与发展的机会。因此，要想让城市的生命流动起来，就需要在遗忘传统与守护传统之间寻得折中之道，并在鼓励创新与防止断层之间找到平衡。从人生哲学的角度看，这需要老年人与年轻人各退一步，找到双方行动的共同目标，而在电影《秋刀鱼之味》中，这一目标就是对"完成子女婚姻大事"的共同期盼。

最后，我想谈谈"秋刀鱼之味"这个题目的含义。关于这一含义众说纷纭。有人说，秋刀鱼价格便宜，是日本人最喜欢的民间食物，电影以此为名，就是暗示日本平常生活之味；又有人说，东京人食用秋刀鱼往往是在严冬尚未褪尽的初春，故此，这一标题暗含了人到暮年的凄凉之味。

在我看来，秋刀鱼虽然不是鲷鱼那样的高级食材，而且小刺略多，但它平淡的味道里有一种说不清、道不明的隽永之味。因此，秋刀鱼本质上是"回味之鱼"，让你吃完一条，品味回想，而不是像某些更为鲜美的鱼类一样，让你吃完一条，还想再吃一条。不能重来的人生也正如这秋刀鱼，吃一条就够了，而且人生的具体经历也正如秋刀鱼，里面带着不少小刺，必须小心应对。不过，这才是人生的真谛：不要贪多，吃完一条，慢慢回味，因为这就是你所面对的乾坤。

第二十夜 好牌已经打烂了，余生该怎么办？

未来优先原理

昨夜，我们已经谈到了死亡这个话题。不过，死亡这个话题并不专属于老年人，不同年龄的人都会经历死亡，因为这个世界本就充满了无常。在所有的人生哲学难题里，最绕不开的就是与死亡相关的哲学问题。海德格尔有一句名言是"向死而生"，即每一个个体——"此在"（德文为"Dasein"，其字面意思是"能够在此时此刻领会存在之意义的存在者"①）都会意识到自己的死亡具有不可替代性，而这种对死的不可替代性的意

---

① 在海德格尔看来，只有人类个体才能在此时此刻领会存在的意义。比如，当小张抱着他的猫咪坐在椅子上看电影的时候，他作为人能够理解电影中某个情节的存在意义，但他怀里的猫咪与他所坐的椅子都没有这种能力。

识会反过来促使每个人好好反思当下的活法，让自己的人生更有意义。不过，如何让自己有限的人生过得有意义，本身就取决于个体对"意义"的看法。

有人认为，如果历史能记住自己，自己的人生就会有意义。问题是，希特勒与墨索里尼都让历史记住了他们，可他们的人生算"有意义"吗？当然不算。很显然，我们说的"人生意义"一般指正向的意义，而不是负面的破坏意义，因为人是有羞耻心的动物，绝大多数人不会故意通过作恶让自己被世人铭记。在这里，我们谈的基本上还是大多数人在面对死亡时的人生取向。在探讨哲学话题之前，我们还是要先了解一部电影。

2020年上映的日本电影《美好的世界》改编自佐木隆三的小说《身份账》（日本人说的"身份账"相当于我国的个人档案），导演是西川美和，讲述了刑满释放人员三上正夫试图重新融入社会的故事。在刑满释放人员普遍遭受歧视的社会氛围下，三上的自新之路走得磕磕绊绊，后来，他终于在养老院找到了一份护工的工作，也在工作中忍住了乱发脾气的毛病，就算有人议论他的服刑经历，他也能努力做到充耳不闻，就这样，三上慢慢适应了新的工作环境。但好景不长，一天，三上带着同事送给他的雏菊回到家，而后心脏病突然发作，倒在了卧室的地板上，直到第二天尸体才被发现。他死前做的最后一个动作，是捻起菊花，闻了一下花香。这就是这个美丽的世界留给刑满释放人员三上的最后的记忆。

三上并没有预见他的死亡。他与死亡不期而遇。而且，死亡恰恰发生在他已经慢慢适应社会，成为一个正常人的那个节点。这就引出了下面的问题：在人生的最后阶段做出努力是值得的吗？最后几日的改变，能够扭转世人对他的成见吗？

　　我们需要重新考察时间与人生的关系。在第十六夜中，我们区分过三种时间：第一种，物理时间，这是钟表所度量的客观时间；第二种，现象学时间，这是我们感受到的主观时间；第三种，自传体时间，这是渗透了意义的个人历程记忆展现的时间。因为渗入这一时间框架的意义既带有主观性又带有客观性，所以，自传体时间兼具主观性、客观性两面的特点。

　　很显然，要呈现死亡的场景，合适的时间框架只有自传体时间——物理时间本身不会"死亡"，而现象学时间又太短，无法容纳一生的长度。我们也可以这么看：死亡是所有人物传记电影的压轴戏，其重要性不容小觑。就像很多破案剧到最后10分钟才安排反转，但这10分钟的分量往往与前面的90分钟不相伯仲。不过，为什么最后10分钟的分量能抵上前面的90分钟呢？为什么我们不会说"10块钱能顶上90块钱"之类的话呢？

　　这是因为自传体时间的框架有一个非常有趣的特征：非对称性。这就是说，一个人越逼近死亡，这个人所经历的事件就越具有"盖棺论定"的重大意义。毕竟，他修正之前人生错误的机会变得越来越少，换言之，他的决策容错率变得越来越低。如果他在将死时做了错误的重大决策，他也就很难在有生之年亲手修正了。

举个例子。曹操晚年一直在思考，曹丕与曹植，谁才是更合适的继承人。假设他就这个问题进行了多次考量（譬如，大前年他曾心仪曹植，前年他转而心仪曹丕，去年又更倾向于曹植），他最早的决策就是相对不太重要的，只有他最后的政治遗嘱是至关重要的，因为他在早前做出的决策还有机会被推翻，但他在死前那一刻做出的决策没有任何修改的余地。正是基于这种考量，各国的继承法一般规定，在几份出于同一个人的遗嘱相互矛盾时，署名时间最晚的那份遗嘱有最终效力。

基于同样的道理，无论三上过去是个怎样的人，他在人生最后阶段所做出的努力都具有更大的意义。当然，三上无法预知自己的死期，但他显然明白自己已经浪费了前半生。因此，如何利用余下的时间将决定他最后的价值取向。

不过，并不是所有的哲学家都赞同时间的不对称性这种观点。伊壁鸠鲁学派在罗马时期的最重要的代表人物卢克莱修就认为时间是对称的。他的论证有看淡死亡的意蕴。论证的具体内容如下。

你为何要因即将到来的死亡感到焦虑呢？这种焦虑是毫无必要的，因为你死后遭遇的无非就是纯粹的虚无，而在这一片虚无中，你会得到永久的安宁。如果你因未来的死亡感到焦虑，按照同样的逻辑，你也应当对你生前的那些岁月感到焦虑，因为那时候你也是处在一片纯粹的虚无之中。那么，为何很少有人对其生前的虚无感到焦虑呢？为何很少有人悲叹，我怎么出生得那么晚，以至于在秦始皇统一中国的时候，我还处在一片虚无之中呢？按照对称性原则，既然你不会因自己缺席秦始皇时代而感到焦虑，你又为何因自己千年后不复存在而感到焦虑呢？由此，我们只能得出这样的结论：人人都应当看淡生死，而不必担心死亡这件事。

从卢克莱修的论证中，有人或许会做出一个比较悲观的推论：既然过去与未来是对称的，三上出狱后就没必要好好做人。道理很简单，在三上先前的人生道路中，其黑社会打手的形象已经深入人心，他就是再好好干上10年，也不能消除这样的印象。换言之，按卢克莱修的观点，既然出狱后的10年与之前的10年是对称的，因此，出狱后的10年不会因为自己接近死亡而具有更高的权重。

不过，卢克莱修的观点既不见容于欧陆哲学谱系中海德格尔"向死而生"的学说，也不见容于英美哲学谱系里美国哲学家帕菲特以下述思想实验阐发的思想。这个思想实验的名字叫"我过去的或未来的手术"（My Past or Future Operations），具体内容是这样的。假设你在一间医院里醒来，知道自己必须接受一台生死攸关的手术，却不清楚这台手术是否做完了。你去问护士，护士也不知道。她告诉你，你可能是昨天做手术的那位病人，你在接受手术时没有打麻药，被疼痛持续折磨了4个小时；不过，你也有可能是今天晚些时候才做手术，这场手术也不打麻药，但你只会疼一个小时。至于你到底是哪个病人，护士说她会在5分钟后告诉你。

帕菲特的问题是，你希望自己是哪一个病人。大多数人或许会说，我希望护士告诉我，我昨天已经动过手术，即使我的生命中会多出几个小时的疼痛，这样，未来我就不会受到疼痛的折磨了。从这个角度看，即使未来我只要忍受一个小时的疼痛，而过去已经忍受的疼痛持续了4个小时，我也愿意用过去的4个小时的疼痛换掉未来一个小时的疼痛。毕竟，过去忍受的疼痛反正都已经过去了，尚未到来的疼痛才是最吓人的。

我们可以用三上的故事改写帕菲特的这个思想实验。假设三上被人打了一下脑袋，醒来后发现自己失忆了，这时候，一直对刑满释放人员的遭遇有兴趣的电视台主播吉泽遥（电影中确实有这么一个角色）给了他两份身份账，与他进行了如下对话。

吉泽遥："你的真实身份在这两份身份账中的一份里，你要哪一份呢？"

三上："这两个袋子里装的材料究竟有什么不一样？"

吉泽遥："第一份资料显示你是被判过30年有期徒刑的惯犯，而第二份资料显示你一直是一个优秀的白领，家庭也很稳定。你要哪一份？"

三上："我要第二份。这还用问吗？"

吉泽遥："不好意思，我忘记给你提一些附属条件了。若你拿了第一份材料，那么你会得到一项额外的奖励：你出狱后会得到一份不错的工作，保证你不会回到过去的轨道上。如果你拿了第二份材料，那么，你会得到一项惩罚：你会因为一场你无法预见的灾难失去工作，而你的房贷也还不上了，你老婆则会抛下你，走投无路的你最后或许会加入黑社会，说不定哪天就进监狱了。好了，加上这些条件，你还会选第二份身份账吗？"

如我们所见，三上在《美好的世界》里实际上选的是第一份身份账。我们甚至可以说，只要三上有一颗面向未来的心，无论其作为黑社会成员曾沉积了多少黑暗，其未来的美丽都不会受到影响。相反，无论一个人的过去如何辉煌，只要他的未来是暗淡的，其过去的美丽就会突然变得丑陋起来。我将这一原理称为"未来优先原理"。该原理甚至在预测股市的涨跌上都是有效的：即使是在一个发达的经济体里，只要大家认为未来充满了不确定，股市就会变得低迷；相反，只要大家对未来充满希望，即使目下的经济发展状况不尽如人意，股市指数也能一涨再涨。人类，毕竟是一种靠希望才能生存的生物。

"未来优先原理"也在相当程度上影响了死亡在人生中的意义。只要大家还在谈论死亡，就说明大家还没死。所以，死亡天然具有未来的维度，并因为前文提到的"未来优先原则"而获得了相关的优先性。以死亡为大限的未来，也通过与死亡的纠缠而成了我们每个人头顶上悬挂的达摩克利斯之剑。我们必须在这宝剑落下之前完成最后一次的人生演讲，无论我们前面的演讲有多糟糕，历史最看重的也是那最后一次。所以，我们一定要在最后一次演讲到来之前，尽自己所能做好准备。

电影中也有一个看似印证了时间对称性的情节。三上一直不知道自己的亲生父母是谁，于是去孤儿院查档案，但是院方很遗憾地告知他，那些旧档案都已经被烧毁了。断了线索的三上只好与孤儿院里的孩子们一起玩起了足球。在嬉戏的过程中，三上仿佛又回到了童年，那时候，他还不是一名黑社会成员，未来尚且充满很多可能。他多么希望回到少年时代啊。从这个意义上说，接近死亡的三上希望重新来过的心理，与他童年时候的心态构成了某种表面上的相似性。

不过，这种相似性毕竟只浮于表面，因为少年三上毕竟没有切实感受到死亡之剑的威胁，并由此误以为自己有无限的机会选择未来。这种误解导致三上浪费了大量的时间，而当他终于意识到这一点时，他已然时日无多。人只能活一次。这是一件极端残酷却又真正实现了人人平等的事，而越早意识到这一点的人，越能及早调整自己的生命步伐，让自己迈向死亡的每一天都充满意义。在这个意义上，当柏拉图说哲学的本质是练习死亡时，他的本意也不是让大家轻视生活，而是提醒大家：你只能活一次。因此，早些思考死亡这件事，能帮助你及时上紧生命的发条。